シリーズ 戦争学入門

核兵器

ジョセフ・M・シラキューサ 著
栗田真広 訳

創元社

Joseph M Siracusa, *Nuclear Weapons, Third edition*

Nuclear Weapons was originally published in English in 2020. This translation is published by arrangement with Oxford University Press. Sogensha, Inc. is solely responsible for this translation from the original work and Oxford University Press shall have no liability for any errors, omissions or inaccuracies or ambiguities in such translation or for any losses caused by reliance thereon.

シリーズ「戦争学入門」序言

好むと好まざるとにかかわらず、戦争は常に人類の歴史と共にあった。だが、日本では戦争について正面から研究されることは少なかったように思われる。とりわけ第二次世界大戦（太平洋戦争）での敗戦を契機として、戦争をめぐるあらゆる問題がいわばタブー視されてきた。

そうしたなか、監修者を含めてシリーズ「戦争学入門」に参画した研究者は、日本に真の意味での戦争学を構築したいと望んでいる。もちろん戦争学とは、単に戦闘の歴史、戦術、作戦、戦略、兵器などについての研究に留まるものではない。戦争が人類の営む大きな社会的な事象の一つであるからには、おのずと戦争学とは社会全般の考察、さらには人間そのものへの考察にならざるを得ない。

本シリーズは、そもそも戦争とは何か、いつから始まったのか、なぜ起きるのか、そして平和とは一体何を意味するのか、といった根源的な問題を多角的に考察することを目的としている。確認するが、戦争は人類が営む大きな社会的な事象である。そうであれば、社会の変化と戦争の様相には密接な関係性が認められるはずである。

「軍事学」でも「防衛学」でも「安全保障学」でもなく、あえて「戦争学」といった言葉を用いるのも、戦争と社会全般の関係性をめぐる学問領域の構築を目指しているからである。

具体的には、戦争と社会、戦争と人々の生活、戦争と法、戦争をめぐる思想あるいは哲学、戦争と倫理、戦争と宗教、戦争と技術、戦争と経済、戦争と文化、戦争と芸術といった領域を、理論――「横軸」――と歴史あるいは実践――「縦軸」――を文字通り縦横に駆使した、学術的かつ学際的なものが戦争学である。当然、そこには生物学や人類学、そして心理学に代表される人間そのものに向き合う学問領域も含まれる。

戦争と社会が密接に関係しているのであれば、あらゆる社会にはその社会に固有の戦争の様相、さらには、あらゆる時代にはその時代に固有の戦争の様相が現れる。そのため、二一世紀には二一世紀の社会に固有の戦争の様相、さらには戦争と平和の関係性が存在するはずである。問題は、戦争がいかなる様相を呈するかを見極めること、そして、可能であればこれを極力抑制する方策を考えることである。その意味で本シリーズには、「記述的」であると同時に「処方的」な内容のものも含まれるであろう。

また、本シリーズの目的には、戦争学を確立する過程で、平和学と知的交流を強力に推進することがある。

戦争学は、紛争の予防やその平和的解決、軍縮および軍備管理、国連に代表される国際組織によるさまざまな平和協力・人道支援活動、そして平和思想および反戦思想などもその対象とする。実は戦争学の射程は、平和学と多くの関心事項を共有しているのである。

よく考えてみれば、平和を「常態」とし、戦争を「逸脱」と捉える見方は誤りなのであろう。なるほど戦争は負の側面を多く含む事象であるものの、決して平和の影のような存在ではない。その意味において、戦争を軽視することは平和の軽視に繫がるのである。だからこそ、古代ローマの金言に「平和を欲すれば、戦争に備えよ」といったものが出てきたのであろう。

戦争をめぐる問題を多角的に探究するためには、平和学との積極的な交流が不可欠となる。戦争を研究しようと平和を研究しようと、双方とも学際的な分析手法が求められる。また、どちらも優れて政策志向的な学問領域である。戦争学と平和学の相互交流によって生まれる相乗効果が、世界が複雑化し混迷化しつつある今日ほど求められる時代はないであろう。

繰り返すが、「平和を欲すれば、戦争に備えよ」と言われる。だが、本シリーズは「平和を欲すれば、戦争を研究せよ」との確信から生まれてきたものである。なぜなら、戦争は恐ろしいものであるが、簡単には根絶できそうになく、当面はこれを「囲い込み」、「飼い慣らす」以外に方策が見当たらないからである。

シリーズ「戦争学入門」によって、長年にわたって人類を悩ませ続けてきた戦争について、その理解の一助になればと考えている。もちろん、日本において「総合芸術（Gesamtkunstwerk）」としての戦争学が、確固とした市民権を得ることを密かに期待しながら。

シリーズ監修者　石津朋之
（防衛省防衛研究所戦史研究センター主任研究官）

まえがき

第三版では、核兵器以上に世界を脅かすものはないことを強調しつつ、冷戦終結以降の核兵器をめぐる展開と、そこから生まれてきた政策を振り返ることを主眼としている（第7章参照）。核兵器に関する、最も重要かつ普遍的で、繰り返し提起されてきたいくつかの問題を論じるが、旧版に引き続き、議論の前提となるのは、核兵器は依然として重要、との認識である。約七〇年前、広島と長崎において怒りにまかせて用いられて以来、核兵器は一度たりとも使用されてはこなかった。それでも国際政治のなかで、核兵器が使用される可能性に対する懸念は、まったく消えてなどいない。二〇一八年に、アダム・スミス米下院軍事委員長が述べたように、「［核兵器を］ひとたび使用すれば」、「敵がどう反応するかは予測できず、全面核戦争の可能性が現実味を帯びたものとして浮上する。それは、地球の破滅をもたらすものである」。

一九九一年に、ロシアが権勢を振るった共産主義［陣営］が終焉《しゅうえん》を迎えても、核兵器との危険な共存という問題はほとんど解決されなかった。核時代という過去は死んでいないし、そもそも過去ですらない。ビル・クリントン政権の最初の国防長官レス・アスピンがいみじくも指摘したように、「冷戦は終わり、ソ連もいなくなったが、それでもなお、ポスト冷戦の世界は、まったくもってポスト核兵器の世界ではない」のである。核兵器の備蓄を削減し、それを廃絶しようとするあらゆる努力にもかかわらず、予見しうるかぎりの将来において、核兵器はこの世界に留まり続けるであろう。マデレン・オルブライト元国務長官の言葉を借りれば、核兵器とともに生きるということが、「おそらくは何らかの誤解によって世界が終焉を迎え、次の朝は来ないかもしれないということを、我々が毎晩意識する」ことを意味した日々は過ぎ去った。だが、グローバルな熱核戦争の脅威は、後景に退いたかもしれないが、消え去ってなどいない。どこをどう見ても、ポスト核兵器の時代に向けた世界の歩みは、一部の希望的観測が提示するようには進んでいないのである。

核の脅威は今も、多くの国家間関係を規定する要因であるばかりか、さらに重要性を増す兆しすらある。核兵器の拡散はおそらく、二つの深刻な影響をもたらすであろう。一つは、テロリストが核兵器を手にする可能性であり、この脅威は九・一一以来、深刻なものとして浮上してきた。これまでのところ、テロリストは核兵器を用いた攻撃を実行できてはいないが、専門家に言わせれば、それはテロリストが核兵器を用いることが不可能であることを意味しない。少量の濃縮ウランと、インターネットを通じて容易に手に入るいくらかの軍用品、そして熱心なテロリストから成る小規模なチームさえ揃えば、数ヵ月のうちに一個の核兵器を組み立て、航空機や船舶、または鉄道や道路などの陸路で、それを攻撃対象へと運搬することは不可能ではないであろう。ニューヨークやロンドンの中心部でそうした攻撃が発生した場合のインパクトは、想像することすらできない。

　第二に、核兵器の拡散は、それらが現に使用される脅威の拡散をもたらす。これは国際安全保障を大きく複雑化させ、その影響を元に戻すことは多くの点で困難であろう。ステータスの希求や安全保障上の懸念から核兵器を開発した国家が「核クラブ」入りすると、彼らはそれぞれ、核兵器に関するラーニング・カーブを辿る。だが、過去七五年にわたって先行する核保有国の経験が示してきたように、このプロセスが成功する保証などどこにもない。その途中で何らかの不幸な出来事が起こる可能性は、あまりにもリアルである。

　一九四五年八月、第二次世界大戦の末期に日本本土に核兵器が投下されると、これがいままでの兵器とは根本的に異なるものであることが、ただちに明らかになった（同時に核兵器が、一二〇〇トンの焼夷弾と、四〇〇トンの高性能爆弾、そして五〇〇トンの対人破砕爆弾を積んだ、二二〇機のB-29爆撃機よりも効率的であることも示されたのであるが）。そして「ヒロシマ」は、多くの点において、後世から振り返って初めて認識される程度の分水嶺《ぶんすいれい》ではなかった。驚きを隠せなかった世界に対して、ハリー・トルーマン大統領はこれを、「宇宙の根源的な力を利用したもの」だと形容した。同じ見方は、当時の有力な原子科学者らのあいだで広く共有されていた。

　時代が下り、一九五二年に、太平洋で最初の熱核装置を爆発させた米国は、核の階梯をさらに上ることになった。「マイク」と名づけられたその爆弾は、広島で爆発した爆弾の五百倍の破壊力を持ち、実験場となった島を地図上から消し去った。水爆は文字どおりすべてを変え、戦争と平和の性質そのものを変容させた。チャーチルが言ったように、「原子爆弾は、多大な恐怖を伴うものではあったが、行動の上でも思索の上でも、平時においても戦時においても、我々を人の手の届かないところ、統制不可能な事態へと至らせるものではなかった。しかし、水爆の登場によって、人の世の事象の基盤そのものに革命的な変化が起きた」のである。実際それは、まったく新しい世界「の始まり」であった。

事の深刻さを示唆するものとして、核時代に関するいくつかの数字を例として挙げよう。過去七五年間で一二万八〇〇〇個以上の核兵器が作られ、そのうち九八パーセントは米ソのいずれかが製造したものである。現在「核クラブ」のメンバーである九つの国、すなわち米国、ロシア、英国、フランス、インド、パキスタン、中国、イスラエル、北朝鮮は、依然として一万三八九〇個程度の運用可能な核弾頭を保有している。さらに現在、このほかに少なくとも一五ヵ国が、核兵器一個を作るのに十分な高濃縮ウランを保有しており、かつそれと同じ数の国々が、核兵器を投射するための弾道ミサイルを含む運搬手段をすでに手にしている。

以上を踏まえ、いくつかのポイントに焦点を当てたい。①核兵器の科学的側面と、通常兵器との相違、②ナチス・ドイツに打ち勝つための核開発競争、③核時代黎明期における核兵器の国際的管理の試みから一九四九年八月のソ連核実験に至る経緯、④水爆獲得への競争とその革命的な含意、⑤冷戦期から今日まで、国際環境が変化するなかで展開されてきた核抑止と軍備管理の歴史と政治、⑥第二次大戦後に始まったミサイル防衛構想が、レーガン期における米本土防衛構想（「スター・ウォーズ構想」）を経て、ポスト冷戦期に「ならず者国家」の小規模な弾道ミサイル攻撃に対する防衛（国家ミサイル防衛）という穏当な目標に至った経緯と、それを踏まえたミサイル防衛の展望と将来性、そして最後に、⑦冷戦終結以降の核兵器をめぐる歴史の展開と、そこから生まれた政策である。

ジョセフ・M・シラキューサ
ロイヤル・メルボルン工科大学教授
メルボルン　オーストラリア

目次

装丁　濱崎実幸

シリーズ　戦争学入門

核兵器

第1章　核兵器とは何か？

一九五一年、新設された米連邦民間防衛局（ＦＣＤＡ）は、核攻撃が起きた場合の対処方法を教える子供向け映画の制作を発注した。そこから生まれたのが、*Duck and Cover* である。九分間のこの映画は、一九五〇年代を通して、またそれ以降も、全米の学校で上映された。これに登場する「亀のバート」は「警戒を怠らず」、そして「すべきことは、身をかがめて隠れることであると知っている」。警報が鳴り、核爆発の閃光が走ると、バートはただちに体を甲羅のなかに引っ込める。実に簡単に見え、そして皆、この亀が大好きであった。

ＦＣＤＡはこの映画以外にも、緊急放送システムや食料備蓄、民間防衛講座、私的・公的な核シェルターの設置を一九五〇年代初頭に進めた。ＦＣＤＡはまた、*Duck and Cover* 以外にも民間防衛関連の映画をいくつか発注したが、最も有名になったのはこの作品であった（図１参照）。米議会図書館は二〇〇四年に、これを「文化的、歴史的もしくは芸術的に」重要な活動写真を収録した、国家フィルム登録簿に登録さえしている。これは『國民の創生』や『カサブランカ』、『シンドラーのリスト』と同じ区分である。筆者が初めて「亀のバート」に出会ったのは、一九五〇年代初頭、シカゴ北部の小学校に通っていたころである。シカゴは米第三位の都市であり、潜在的な核攻撃の標的と見られていた。もちろん、当時を振り返ると、この映画が文化や歴史、芸術とはほとんど関係がなく、むしろプロパガンダ的なものであったとわかる。米国の子供たちは、彼らを襲うものが何なのか、知る由《よし》もなかったであろう。

1　核兵器の科学

核兵器の原理

原子炉と核兵器のいずれも、そのエネルギーの源は原子力である。このエネルギーは、原子の分裂（核分裂）または結合（核融合）に由来するが、これを理解するには、まずは原子それ自体について理解しなければならない。

図1　*Duck and Cover*, Acrylic on canvas, 2013, Kate Downhill. (Photography Effy Alexakis, Photowrite.)

原子とは、元素を構成する最小の粒子であり、その元素を特徴づける特性を持っている。一九〇〇年代初頭までに、原子の性質に関する知見は、ゆっくりと蓄積されてきた。最初のブレイクスルーと言えるのは、アーネスト・ラザフォードによる一九一一年の発見で、彼は原子核に原子の質量が集中しているという説を打ち立てるとともに、原子核は正の電荷を帯びており、負の電荷を帯びた電子に取り囲まれているとする見方を提示した。この原子構造に関する説は、数年後にデンマークの物理学者ニールス・ボーアによって補完されることになる。ボーアは電子を、原子核から決まった距離にある殻〔電子殻〕、量子準位のなかに位置づけた。したがって原子とは、原子核から決まった距離にある殻のなかで、正の電荷を帯びた原子核の周囲に、負の電荷を帯びた電子が複雑な配列を成したものだということになる。一方、原子核は、原子の質量のほとんどを含み、かつ陽子と中性子から構成される（ただし通常の水素原子だけは、一個の陽子のみから構成されるため例外である）。すべての原子は、概ね同じ大きさである。

さらに、負の電荷を帯びた電子は、原子核の周りのエネルギー殻のなかでランダムな軌道を辿る。原子の特性のほとんどは、その電子の数と配列に規定されている。原子核のなかに存在する粒子には二種類あり、そのうちの一つは陽子で、正の電荷を帯びた粒子である。陽子の電荷の量は、電子の負の電荷の量と釣り合っている。ある原子の原子核のなかにある陽子の数が、化学元素の性質を決めている。原子核のなかに見られるもう一つの粒子は中性子である。一九三二年、英国の物理学者ジェームズ・チャドウィックが発見した中性子は、電荷を持たず、陽子と同等の質量を持つ。電荷を持たない中性子は、電子雲や原子核に弾かれることがないため、原子の構造を調べるうえで有用なツールである。個々の陽子や中性子も内部構造を持っているが、これらの原子を構成する小さい粒子は分離できず、独立にそれぞれを調べることができない。

原子の主要な特徴は原子番号であり、これは陽子の数に応じて定義される。原子の化学的特性は原子番号によって決まる。原子のなかにある、核子と呼ばれるもの（陽子と中性子の総称）の総数が質量数である。原子番号が同じでも中性子の数が異なるもの、それゆえ質量数が異なるものは、同位体（アイソトープ）と呼ばれる。同位体どうしは化学的特性こそ同一であるが、核特性では大きく異なる。たとえば、水素には三つの同位体があり、うち二つは安定的（放射能を持たない）であるが、一個の陽子と二個の中性子を持つトリチウムは不安定である。ほとんどの元素は安定同位体を持つ。放射性同位体は多数の要素の集合体と見ることもできる。U－235元素（Uはウラニウムの元素記号）の原子核は、九二個の陽子と一四三個の中性子（九二＋一四三＝二三五）から成っており、それゆえ^{235}Uと書かれる。

原子核の質量は、個々の陽子と中性子の合計よりも一パーセント程度小さい。この差は質量欠損と呼ばれ、核子（陽子と中性子）が原子核を構成するために結合した際に放出されるエネルギーに由来する。このエネルギーは結合エネルギーと呼ばれ、どの核が安定的か、また核反応によってどの程度のエネルギーが放出されるかを決める。きわめて重い核ときわめて軽い核が持つ結合エネルギーは小さい。これが意味するのは、一つの重い核が分裂する（核分裂）ときにエネルギーが放出されること、そして二つの軽い核が結合する（核融合）ときにもエネルギーが放出されることである。質量欠損と結合エネルギーは、よく知られたアルバート・アインシュタインの公式$E=mc^2$と関連している。

一九〇五年にアインシュタインが生み出した特殊相対性理論の含意の一つは、質量とエネルギーが相互に変換できることであった。この式では、cは光の速さであり、質量（m）がとてつもない量のエネルギー（E）に変換できることが示されている。光の速度の数字がきわめて大きい（秒速約三〇万キロメートル）ため、cの二乗は膨大な数になり、わずかな質量が膨大なエネルギー量へと変換されうるということになる。アインシュタインの公式は、まさに核兵器と原子炉のエネルギーの鍵なのである。核分裂反応は、最初の原子爆弾で、そして現在に至るまで原子炉で用いられ、一方、核融合反応は熱核兵器や原子炉開発で重要になった。

核兵器の威力

では、核兵器の実際的な意義とは何なのか。また、核兵器はそれ以前の兵器と何が違うのか。核兵器と通常兵器の根本的な違いは、平たく言えば、核爆発は、最大規模の非核の爆発と比べても、数千倍（もしくは数百万倍）も強力な点にある。たしかにどちらも、爆風と衝撃波の破壊力に依存するという点では変わりがない。だが、核爆発において生み出される温度は非核の爆発のそれよりもはるかに高く、また核爆発のエネルギーの大部分は、一般に熱エネルギーと呼ばれる、光と熱の形で放出される。このエネルギーは、相当な距離がある場所において

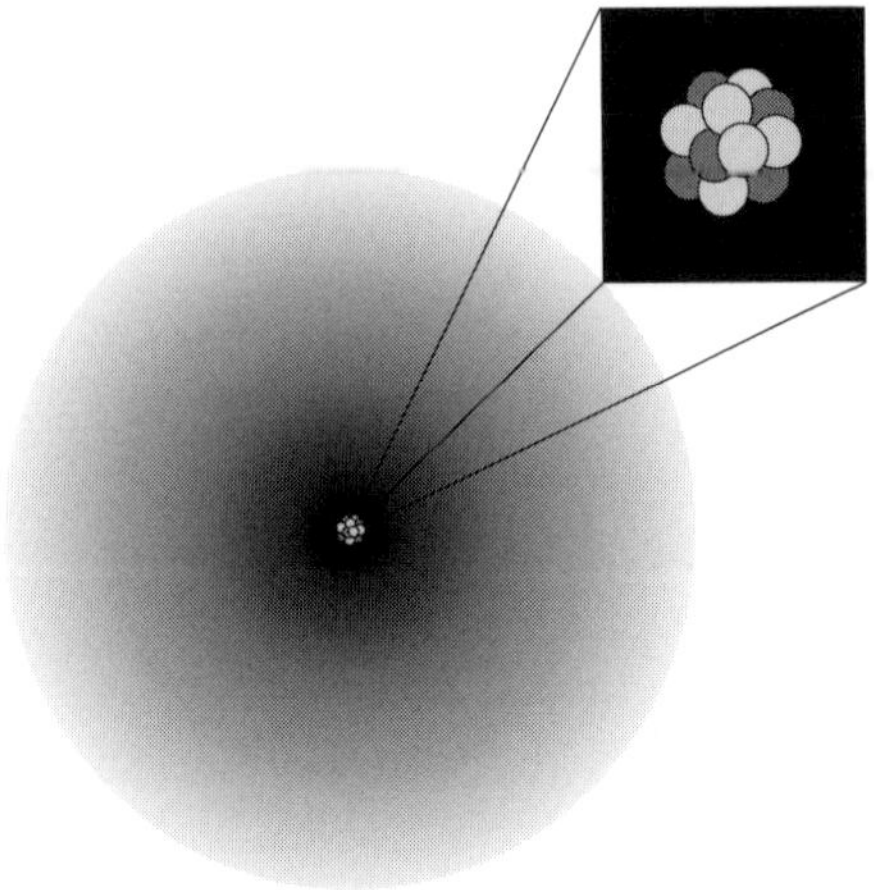

図2　原子の構造
原子は電子、陽子、中性子から構成される。陽子と中性子は密度の高い原子核を構成する一方、電子は原子核の周りにより分散した電子雲を形成する。

も、深刻なやけどや火災を生じさせるに足るものである。実際、核爆発に起因する火災旋風は、一般に知られた爆発の効果よりも、はるかに破壊的になりうる。

　核爆発は同時に、放射性降下物を伴う。これは数秒間にわたって生じ、その後長期間、場合によっては数年単位で危険をもたらしつづける。こうした放射線の放出は核爆発に特有のものである。核兵器が生む［エネルギー］の約八五パーセントは爆風（と衝撃）と熱エネルギー（熱）のかたちで放出され、残りの一五パーセントはさまざまな種類の放射線として放出される。このうち五パーセントは初期核放射であり、爆発から一分程度のうちに生み出されるものと定義され、大半は強力なガンマ線から構成される。あとの一〇パーセントは剰余（遅発）放射線である。これは主として、爆発後の兵器の残骸や灰、降下物に含まれる核分裂生成物の放射能に由来する。

　これと同じくらい重要なのは、核兵器が生み出しうる爆発のエネルギー量であり、通常は出力

（イールド）で評価される。出力は、同等の爆発エネルギーを生み出す通常爆薬、TNTの量で示される。したがって、一キロトンの核兵器とは、一〇〇〇トンのTNT火薬の爆発と同じだけのエネルギーを生み出すものである。同様に、一メガトンの核兵器は、一〇〇万トンのTNT火薬と同等のエネルギーを生じさせる。

一九四五年八月に広島を破壊したウラン型核兵器は、原子の分裂（核分裂）のエネルギーを利用し、その威力はTNT火薬一万四〇〇〇トンに相当した。一九五二年一〇月に太平洋で米国が実験した熱核兵器（水爆）は、原子の結合（核融合）のエネルギーを利用したもので、推定でTNT火薬七メガトン（七〇〇万トン）に相当する出力と、ガンマ線を発する致死的な放射性降下物を生み出した。この熱核実験に対抗するかたちで、一九五三年八月にソ連も熱核実験を行い、以降一九九一年一二月のソ連崩壊まで続く、超大国間における冷戦の熾烈《しれつ》な核の競争が始まった。

核兵器の拡散

残念ながら、冷戦が平和裡に終わったことは、国際安全保障にとっての核の脅威の終わりを意味しなかった。トライデント核兵器システムの更新と代替に関する英国政府の計画を説明した際の、英首相トニー・ブレアの言葉を借りれば、「一部の国家と国際テロ組織の間に想起されうる結びつき」は言うまでもなく、「すでに核兵器を開発したと主張する北朝鮮や、不拡散の義務に違反しているイランのような国家から生じる、新しく、かつ潜在的に危険な脅威がそこにある」。加えて、国家と関係のないテロ組織は大量殺戮《さつりく》の手段を探し求め、裏切者のサプライヤーから成る闇市場ネットワークは、核兵器の製造につながる資材や技術を売ることに、躊躇《ちゅうちょ》しそうにはない。そしてこうした構図は、ますます鮮明になるばかりである。その結果生じる、核爆発が生み出す人道、法と秩序、ロジスティクスの面での課題への対処という悪夢は、まったく予期しないような劇的なかたちで、いかなる大都市においても起こりうる。そしてそれは、九・一一の経験すら見劣りするものになろう。

2　もし核兵器が使用されたら

ニューヨーク・シナリオ

一例を挙げよう。比較的小さな核兵器、たとえばおよそ一五〇キロトンの爆弾を、テロリストが製造し、それを晴れた春の日の正午に、マンハッタンの中心部、エンパイア・ステート・ビルの地上付近で爆発させた場合、壊滅的な被害が引き起こされるであろう。爆発後わずか一秒で、爆心地から半径約六四〇メートルにわたり、二〇重量ポンド毎平方インチの圧力を発生させる衝撃波が生じ、エンパイア・ステート・ビルやマディソン・スクエア・ガーデン、ペンシルベニア駅、そして無比のニューヨーク公共図書館といった、マンハッタンの主要なランドマークを破壊する。これらの建造物を構成していた資材などは残り、あちこちで数百フィートものがれきとして積み上がるが、この圏内にあったものは、すべて認識不可能なまでに破壊されるであろう。この円の外で爆発に遭った人々は、爆風の影響を受け、肺や鼓膜などへの深刻なダメージを被るとともに、飛散する破片にさらされることになる。爆発を直接視認した人々は、熱波で即座に死亡し、爆風と熱の影響から逃れた人々も、建物の倒壊によって死亡する。こうしたかたちでの死者は、およそ七万五〇〇〇人に上るであろう。続く一五秒間で、爆風と火災旋風が約六四〇〇メートルの地点まで到達し、さらに七五万人が死亡、九〇万人近くが負傷する。しかし、これはまだ困難の始まりに過ぎない。

こうしたかたちで負傷した人々の手当は、文字どおり、医療システムの能力はもちろん、想像すらも越えたタスクになる。マンハッタンの大病院は、一つを除きすべてが上述の最も爆風の被害が深刻なエリアにあり、完全に破壊されるであろう。ニューヨークとニュージャージのすべての病院を合わせても、利用可能な病床数は、最も深刻な負傷者を手当てするにさえ足りない。全米で、熱傷治療センターの病床数はわずか三〇〇〇しかなく、治療を受けられないがために数千人が死ぬことになる。同時に、ニューヨークの大部分は電気・ガス・上下水道を喪失する。負傷者の輸送や、必要な物資・人員・設備の搬入も困難を伴うであろう。数万人のニューヨーク市民が家を失う。放射線量が依然として危険レベルである地域での緊急対応要員らの活動は、おそらくは実施不可能である。

こうしたテロ攻撃のかたちでの核爆発は、火球が地表に達することのない、同規模のエアバーストよりも、ずっと多くの初期放射性降下物を生みだす。これは地表爆発が、兵器自体からだけでなく、地上からも放射性物質を生じさせるためである。この初期の降下物は、卓越風に乗ってゆっくりと地表へと舞い戻っていき、爆心地からロングアイランド付近へと伸びる、楕円形のパターンを描く。風がさほど強くないため、降下物はマンハッタン付近、爆心地のすぐ東側あたりに集中すると予想される。数千人が、染色体損傷や骨髄・腸の損傷、出血を含む、深刻な放射線障害を発症する。その後数日から数週間で、これらの症状によって多くの人が命を落とすであろう。最初の爆風を生き残った人々でも、何らかのガンによって死亡する確率がおおよそ二割あり、さらに心臓病や感染症といったほかの原因による死亡の確率も八割ある。

終末時計の針

二〇〇七年一月、終末時計を管理している科学者らが、文明の破滅のシンボルである午前零時に向けて、時計の針を二分進めた。一九四七年に核兵器の危険性を警告するため、この時計を作った*Bulletin of the Atomic Scientists*〔『原子力科学者会報』〕は、当初、時計の針を午前零時の五分前にまで進めた。その後冷戦が訪れて過ぎ去ったが、核兵器の危険は残ったままである。彼らは、終末時計の誕生から六〇年後の声明で、「我々は第二の核時代の瀬戸際に立っている」との見方を示し、二〇〇六年の北朝鮮の最初の核実験や、イランの核兵器への野心、地中貫通型の核兵器というアイデアを米国が弄《もてあそ》んでいること、そして「核クラブ」の国々や潜在的なテロリストが用いうる、膨大な数の運用可能な核兵器の存在に言及した。この科学者らはまた、今日の核兵器は、わずか五〇個で二億人もの人々を殺害できることも思い起こさせた。二〇一九年、気候変動の脅威を含む、新たな異常の兆候を示唆するかたちで、時計の針は依然として午前零時の二分前に位置している。科学者らはいまや、既存の軍備管理レジームがますます脆弱《ぜいじゃく》になり、徐々に失われていくかもしれないような状況に、向き合わなければならなくなった。

一九四七年に、午前零時の七分前に設定された終末時計の針は、以来一八回動いてきた。最も午前零時に近くなったのは、ある種当然ながら、一九五三年初めのことであり、これは米国が、「マイク」と名付けられた最初の水爆の実験を成功させ、実験場となった太平洋の島を消失させたことを受けたものであった。時計の針はこの時、午前零時二分前にまで進められた。これは、私が初めて、「亀のバート」と、彼の「身をかがめて隠れろ」という陰鬱《いんうつ》な警告に出会ったのと、ほぼ同じ時期のことであった。

第2章　爆弾を作る――マンハッタン計画

1　計画の起源

米国の長距離爆撃機B－29は、一九四四年の暮れから史上最大の空襲を実施した。終戦までに日本に投下された爆弾の量は約一六万トンに上り、この中には、東京の下町やほかの多数の大都市を破壊した、焼夷《しょうい》弾の集中投下も含まれていた。これらの空襲だけで、三三万人もの日本兵と民間人が殺害され、さらに五〇万人を超える負傷者が出た。

こうした人的・物的被害は過去に例がなかったわけではない。一九四五年五月のナチス・ドイツ降伏に至るまでのあいだに、米英が一三一の都市や町への空襲を行い、ほとんどが民間人で占められた六三万五〇〇〇人のドイツ人が死亡し、七五〇万人が家を失った。こうした攻撃の根拠は単純であった。ドイツの修正主義の歴史家イェルク・フリードリヒは、連合国による第二次世界大戦期のドイツへの空爆に関する研究において、「こうした攻撃の論理は、都市やその生産能力、そしてその士気が戦争に寄与しているのであり、戦争とは単に軍隊が行うものではなく、国家の行為である、というものだった」と述べている。総力戦においては、あらゆるものが、また誰もが攻撃目標になるのである。もちろんこれは、当時の人々にとって特段目新しいことではなかった。たとえばジョージ・オーウェルは、一九四一年二月に書かれた名高いエッセイ、*England Your England*のなかで、ドイツ空軍機が頭上を飛び交う様子を「高度に文明的なものが頭上を飛び交い、私を殺そうとしている」と記している。

やがて、同じ運命がヒトラーの同盟者らに降りかかった。日本の戦争経済は徹底的に破壊されたけれども、日本は降伏を拒んだ。日本政府のなかには、もうずっと前から、もはや戦争には負けたとわかっている者もいたが、連合国側は公式の政策として、無条件降伏以外は認めなかった。それゆえ、日本政府の文民指導者らと昭和天皇は和平を望みはしたものの、陸軍を中心とした軍国主義者らは抵抗した。断固とした抗戦に直面した米統合参謀本部は、日本本土へ侵攻した場合、米国と連合国が被る人的被害は一〇〇万を超えると予測した。一九四五年四月一二日に突如死去したフランクリン・D・ルーズベルトの後を継いだハリー・S・トルーマン大統領は、この予測に深い懸念を抱き、代替策を求めた。

陸軍長官ヘンリー・L・スティムソンはトルーマン大統領に対し、当時最高機密であったマンハッタン計画のもとで開発が進んでいた、多大な破壊力を持つと考えられる新兵器の含意について、熱心に説いていた。四月二三日、スティムソンと、マンハッタン計画を指揮していたレスリー・グローヴス少将は、新大統領に対し、今日原子爆弾として知られている兵器に関して、長時間にわたるブリーフィングを行った。グローヴスはそこで、原子爆弾プロジェクトの起源と現状を報告し、スティムソンはこの兵器が国際関係にもたらすであろう含意に関するメモを提示した。スティムソンは新兵器の恐ろしい破壊力に触れ、「四ヵ月以内に、我々はほぼ確実に、人類史上最も恐ろしい兵器の開発を終えるはずであり、それはわずか一個の爆弾で都市を丸ごと破壊しうるようなものである」と説明している。スティムソンはさらに、この兵器の発見と開発がもたらす危険と、それを統制する現実的なシステムを作ることの難しさをも指摘した。

トルーマンは、原子爆弾の保有がもたらす地政学的な含意にはさほど関心を示さなかった。むしろ、そうした恐ろしい兵器の使用を承認しなければならない、彼個人の責任の重さを強く意識したようであった。

「私は、史上誰もしたことのない決断をしなければならなくなる」。トルーマンはスティムソンとグローヴスが部屋を出たあと、最初に出会ったホワイトハウスのスタッフに対してそう述べたとされる。「私は決断するだろう。だが、何を決断しなければならないか、それを考えるのさえ恐ろしい」。やがてトルーマンは、彼自身の戦時の経験と、手元にあった情報に基づいて、おそらくは考慮も不十分なままに、その決断を下すことになった。

米国の原子爆弾開発プロジェクトは、単一の意思決定からすべてが始まったわけではない。ただ、それに関する説明はたいてい、二〇世紀の最も有名な科学者アルバート・アインシュタインの書簡についての大統領の議論から始まる。一九三九年一〇月一一日、ウォール・ストリートのエコノミストで、ルーズベルト大統領の非公式アドバイザーでもあったアレクサンダー・サックスが大統領と面会し、八月二日付のアインシュタインの書簡について議論した。アインシュタインがルーズベルトに書簡を送ったのは、近年の研究の結果、「大量のウランのなかで核の連鎖反応を起こすことが可能であること、それによって膨大なエネルギーと大量のラジウムに似た新元素を生み出すことができること」、そしてそれが「新しい爆弾の製造へとつながり、まったく定かではないものの、きわめて破壊力の大きな新型の爆弾が生み出されうること」を伝えるためであった。これらはすべて、「直近の未来に」起こる可能性が高いとされた。

アインシュタインの書簡

アインシュタインはいみじくも、ナチスがこの分野の研究を積極的に後押ししていると考えており、米政府にも同様の支援を促した。サックスは彼自身が用意したカバー・レターから読み上げ、アインシュタインの書簡の主要な点をルーズベルトに説明した。当初ルーズベルトはあいまいな態度で、必要な資金の面に懸念を示したが、翌朝、朝食時に二度目の面会がもたれ、原子力の追究に価値があると納得したようであった。それ以外の道はなかった。

アインシュタインはこの書簡を書くにあたって、亡命ハンガリー人のレオ・シラードの助力を得た。シラードは一九三〇年代にナチスとファシストの抑圧を逃れて米国に渡った、欧州の卓越した物理学者の一人であり、核物理学・化学分野での近年の発見に基づく爆弾の製造を、最も積極的に提唱したうちの一人でもあった。シラードの同僚で、同様にハンガリーから亡命してきた物理学者エドワード・テラーやユージン・ウィグナーは、ドイツの科学者らが原子爆弾の製造をめぐる競争に勝利するかも知れないこと、そしてヒトラーが喜んでこの爆弾を用いるであろうことを米国に警告するのが、彼らの倫理的な責任であると考えた。しかし、欧州での事態の展開に気を取られていたルーズベルトがサックスに面会した時、アインシュタインの書簡を受け取ってからすでに二ヵ月超が過ぎていた。シラードとその同僚らは最初、ルーズベルトが行動を起こさないことを見て、これを米国が核戦争の脅威を深刻に捉えていないことの証左であると解釈した。だが、それは誤りであった。

一九三九年一〇月一九日、ルーズベルトはアインシュタインに書簡を送り、サックスと陸海軍の代表から成る、ウラニウム研究のための調査委員会を立ち上げたことを知らせた。その後の展開は、ルーズベルトが、いったん進むべき道を決めさえすれば、断固として行動する人物であることを示した。ルーズベルトは、「きわめて強力な爆弾」をヒトラーに独占させるリスクは許容できないとの認識から、一九三九年一〇月にウラニウムの研究を承認する。この承認が端緒となり、以降、第二次世界大戦期において唯一成功した原子爆弾製造計画の立ち上げにつながる、多くの決定が下されることになった。

第二次世界大戦の早い段階で、連合国の科学者らのあいだでは、ナチス・ドイツが核分裂を利用した兵器の製造まであと少しのところに来ているのではないか、という懸念が増大しつつあった。［連合国側での］組織的な研究はまず、英国でチューブ・アロイズ・プロジェクトの一部として始まり、米国では一九三九年にライマン・J・ブリッグスが主導するウラニウム委員会が立ち上げられ、これに若干の資金が充当された。当時、わずか数年で最初の核分裂を利用した兵器が作られるとの見通しを持っていた英国の科学者らの訴えにより、一九四一年までにはこのプロジェクトは官僚機構のなかでより重要な位置付けを与えられ、一九四二年にマンハッタン計画の下に入った。同計画は、ドイツよりも先に核分裂を利用した爆発装置を製造することを唯一の目的としていた。そしてそのために、ナチスの欧州支配から逃れてきた人々を含む当時の主導的な科学者らと、米産業界の生産力を結集するものであった。英国と米国は、リソースと情報を共有し合うことで合意したが、連合国の一角、ヨシフ・スターリン指導下のソ連は、これを知らされなかった。

ベルリン、東京、そして爆弾

連合国の科学者らがドイツを恐れる理由は大いにあった。一九三八年の暮れ、リーゼ・マイトナー、オットー・ハーン、フリッツ・シュトラスマンが、原子核分裂の現象を発見した。マイトナーは、ナチスの迫害を受けてスウェーデンに逃れるまでのあいだ、ドイツでハーンとシュトラスマンとともに研究を行っていた。マイトナーはドイツでの研究から、ウラン235の原子核が中性子をぶつけられると二つのより軽い原子核に分かれる（分裂する）こと、そして核分裂の結果生まれた粒子の総質量と元の原子核の質量が同じではないことを知った。さらにマイトナーは、その差異を生み出しているのは、エネルギーの放出、それも通常二つの原子の化学反応で放出されるものの一〇〇万倍ものエネルギーの放出なのではないかと推論した。一九三九年一月、彼女の甥で物理学者のオットー・フリッシュがこれらを実証し、マイトナーとともに、放出される未曾有《みぞう》のエネルギー量を計算した。フリッシュはそのプロセスを生物学の細胞分裂になぞらえ、「分裂」と名づけた。デンマーク人物理学者のニールス・ボーアがその直後に渡米し、この発見を公表した。八月、ボーアとプリンストン大学で協働していたジョン・A・ホイーラーは、ウラン238のなかに微量に存在する同位体ウラン235がウラン238よりも分裂しやすいこと、それゆえウラン235を研究の焦点とすべきことを主張する論文を公表した。彼らはまた、当時正式な名称がなかったものの、いみじくも「ハイオクタン」と呼ばれていた、ウラン238の分裂のなかで生み出される観測不能な超ウラン元素が、きわめて分裂性が高いであろうことも提起した。エンリコ・フェルミとレオ・シラードは、最初の分裂が第二の分裂、そして一連の連鎖反応を引き起こし、等比級数的に拡大しうることにすぐに気づいた。シラードと同僚の原子科学者らが、アインシュタインにルーズベルトへの書簡を書くよう説いたのは、この段階であった。

世界中の物理学者らはすぐに、もしその連鎖反応をコントロールできるならば、核分裂は新しい有力なエネルギー源につながりうると気づいた。それに必要なのは、放射性崩壊のなかで放出される中性子のエネルギーを「減速させ」、ほかの分裂性の原子核がそれを捉えることを可能にする物質であり、第一の候補は重水であった。核分裂が発見されたあと、ドイツのノーベル賞受賞者であるヴェルナー・ハイゼンベルクが、一九三九年九月、ナチスの物理学者クルト・ディーブナーによってリクルートされ、原子炉についての研究に従事することになる。フェルミのもとに集った米国人らは、ウラン235のなかで核分裂によって生み出される中性子を減速させ、連鎖反応の形でさらなる核分裂を起こすことができるようにするために黒鉛を用いたが、ハイゼンベルクは重水を選んだ。ハイゼンベルクは、陸軍兵器局に提出した一九三九年一二月六日付の報告のなかで、一個の爆弾を作るのに必要な分裂性物質の量を見積もっている。当時前提とされていた核パラメータの値に立脚した彼の公式は、一つの爆発反応を引き起こすために、きわめて高純度のウラン235が数百トンも必要であるというもので、これが当時の原子爆弾のハイゼンベルク・モデルであった。しかし、これは当時ドイツが望みえたウラン235の生産量をはるかに超えるものであった。ウラン型が不可能であると考え、ドイツはプルトニウム型を選択した。これは天然ウランをプルトニウムへ転換するために、原子炉を作ることを意味した。米国のマンハッタン計画とは異なり、ハイゼンベルクとディーブナーの努力にもかかわらず、ナチスの核物理学プログラムは臨界に達した原子炉を作ることはまったくできなかった。ナチスの原子炉開発の試みは、脆弱《ぜいじゃく》かつ組織化されていないものとなり、「その先にあるはずの」核兵器開発の努力は、存在しないも同然であった。しかし連合国はそれを知らなかった。さらに、日本の核兵器追求の試みについても同様であった。

東京では、一九四〇年秋に、陸軍が原子爆弾の製造は可能であると結論づけた。仁科芳雄の指導のもと、理化学研究所がその開発を任ぜられた。海軍もまた、荒勝文策の主導するF研究（Fissionの頭文字を取ったもの）のもとで熱心に自身の「超爆弾」を追求し、これは一九四五年まで続いた。京都でF研究が始まったのは一九四二年である。しかし、軍はこれに十分な資源を与えず、終戦までに日本の原子爆弾開発はほとんど進展を見なかった。

日本の核兵器開発は、一九四五年四月、B‐29による空襲で仁科の熱拡散分離装置が損傷したことで打撃を受けた。その後日本が、原子力研究の拠点を、今日の北朝鮮の興南地域に移したという説もある。日本がこの施設を、少量の重水を製造するために使用していた可能性はあろう。この施設は終戦時にソ連によって接収され、そのプラントから製造された生成物は、ソ連自身の原子力エネルギー・プログラムの一部として、その後もソ連の潜水艦によって毎月回収されたとも言われる（第4章参照）。

日本が、一般に理解されているよりも大規模な計画を有していたこと、また枢軸国のあいだで秘密裡の軍需品の交換を含む緊密な協力があったことを示唆するものもある。一九四五年五月に米軍に引き渡されたナチスのU‐234潜水艦は、日本が自国のプログラムで使用する予定であった五六〇キロの酸化ウランを運んでいた。この酸化ウランは三・五キロのU‐235を含んでおり、これは原子爆弾一個を作るのに必要な総量の五分の一であった。一九四五年八月に日本が降伏したあと、米占領軍は通常のウラニウムから分裂性物質を分離するのに用いられるサイクロトロンを五つ発見した。米側はそれらを破壊し、東京湾に廃棄した。

2　原子爆弾の完成

トリニティへの道

マンハッタン計画は、六万五〇〇〇人もの人員を動員する大規模な産業・科学プロジェクトであり、科学と開発の両面において世界で最も優れた物理学者たちが参加していた。米国は、この戦時の研究プロジェクトに史上類を見ないほどの投資を行い、プロジェクトには米国とカナダの三〇もの施設が関与した。核兵器の実際の設計と製造は、ニューメキシコ州ロスアラモス、サンタフェ近くのかつて小さな学校があった場所に作られた、秘密の研究所に集約された。最初の原子爆弾の設計と組み立てを担ったこの研究所の立ち上げが始まったのは一九四二年春であり、米科学研究開発局と陸軍が受けた、爆弾の開発をさらに進める道を検討するよう求める勧告に基づいてのものであった。九月末に［計画の指揮官に］任命されるまでには、グローヴスは爆弾の軍事的応用について研究を行う委員会の立ち上げに関する命令を受けていた。そのすぐあと、J・ロバート・オッペンハイマーが、彼が「天体（luminaries）」と呼んだ理論物理学者らのグループの研究を主導した。このグループには、フェリックス・ブロッホ、ハンス・ベーテ、エドワード・テラー、ロバート・セバーが含まれ、またジョン・H・マンリーが、シカゴの冶金研究所から全米レベルの核分裂研究と計器・計測に関する研究の調整を行うことで、これを補佐した。実験の結果は一貫しなかったが、（多くの科学者らがそこから派遣された）バークレーで出来上がっていったコンセンサスは、半年前に見積もられていた量の、およそ二倍の核分裂性物質が必要であるというものであった。これは、とりわけ軍が抱いていた、戦争に勝つには一個の爆弾のみでは足りないとの見方に鑑みれば、難題であった。

マンハッタン計画は、様々な点で、巨大な建設会社のように機能していた。用地を購入して整備し、契約を走らせ、人員と下請けを雇い、彼らのための居住・サービス施設を建設・維持し、物資を発注し、管理・会計手続きを作り、通信ネットワークを構築した。グローヴスとそのスタッフは戦争の終結までに、テネシー州、ワシントン州、ニューメキシコ州の生産施設・都市、さらにニューヨークのコロンビア大学からバークレーのカリフォルニア大学に至るまでの大学研究機関での研究などに、約二二億ドルを投じた。ただ、マンハッタン計画が同様のかたちで機能する企業と異なっていたのは、物事を迅速に進める必要性から、当時はまだ未知の、実証されていないプロセスに数百万ドルを投じた点、かつ完全に秘密裡に進められた点である。計画の標語は、迅速性と機密性であった。

機密性は、やっかいに見えて実は有益なものであった。秘密を維持するために、施設の場所は僻《へき》地《ち》にせざるを得ず、労働力と資材を調達する際にも何らかのごまかしが必要であり、プロジェクトに従事する科学者らにとっては常に面倒の種であったが、ある明確な利点があった。すなわち、機密性が重視されたがゆえに、平時において通常考慮されるべき要素にほとんど注意を払うことなく、意思決定を行うことが可能になったのである。グローヴスは、彼が大統領の後ろ盾を有しているかぎり資金に困ることはなく、プロジェクトの運営に全精力を注ぐことができるとわかっていた。情報統制が完璧であったがゆえに、スタッフの多くは、ラジオで広島への原爆投下の報道を聞くまで、自分たちが何のための作業に従事しているのかを知ることもなかった。

さらに、迅速性が求められたことが、優先順位を明確にし、意思決定を形作っていった。のちに新たな発見があれば変更を余儀なくされることを承知のうえで、生産施設の設計計画を確定させるために、三つの実証されていないプロセスに関する未完の研究が用いられた。あらゆる製造の慣行に反して、パイロット段階が完全に省かれ、結果として製造施設の試運転の段階で、断続的なシャットダウンと終わりのないトラブルシューティングが続いた。研究室での実験段階と完全な生産段階のあいだのフェーズが崩壊していたことに由来する問題が、感情的にタイトな空気を生み出し、楽観と悲観が当惑するほどの頻度で交互に訪れていた。

グローヴスは、原子爆弾をおそらくは一九四五年までに製造できると主張していたが、彼や計画に従事するほかの高官らは、彼らが取り組んでいる課題の重大さを十分認識していた。いかなる大組織にとっても、二年半（一九四三年から一九四五年八月）で実験室レベルでの研究を、設計・建造・運用・そして製品出荷にまでつなげることは、大きな産業的挑戦である。一九四三年が始まった時点では、マンハッタン計画が、第二次世界大戦の帰趨を左右するのに間に合うタイミングで、爆弾の製造にまでこぎつけられるかは、まったく別の問題であった。そして、振り返ってみれば明らかであるが、ここで想起されねばならないのは、当時、一九四五年に戦争が終わるとは誰も知らなかったこと、そして同じくらい重要な点として、仮に原子爆弾の用意が整ったときに残っている敵対国がどこなのか、誰も知る由《よし》がなかったことである。

トリニティ実験

一九四五年七月一六日の月曜日、午前五時半ちょうど、ニューメキシコ州ソコロの南東の砂漠にある「トリニティ」と名付けられたマンハッタン計画の実験場で、グローヴスとオッペンハイマーが率いる一群の当局者と科学者は、原子爆弾の初めての爆発の目撃者となった。それは目を見張る光景であった。針のような閃光《せんこう》がニューメキシコの砂漠の闇を劈《つんざ》き、タワーを消失させ、タワー基盤の周囲のアスファルトを生砂に変えた。爆弾はＴＮＴ火薬二万一〇〇〇トン近くの爆発力を放出し、ニューメキシコの空は突如として太陽の何倍も明るくなった。これを観察していた者の一部には、スモークガラスを通して見ていたにもかかわらず、一時的に目が見えなくなる症状が出た。爆発の数秒後、すさまじい爆風が生じ、焼けつくような熱を砂漠に拡散させ、約九〇〇メートルも離れたところで見ていた者の一部を地面に打ち倒した。爆心地から約八〇〇メートル離れたところにあった、二〇〇トンを超える鋼のコンテナは、強く打ちつけられて半開きになった。オレンジと黄色の火球が伸び上って広がったのに続き、それよりは狭いものの、第二列が立ち上り、平らになってきのこ雲となった。このきのこ雲は以降、人々の意識のなかに焼きつけられる核時代のシンボルとなる。ニューヨーク・タイムズの記者ウィリアム・ローレンスは、この爆発を、「新たな世界の産声」と呼んだ。

何分の一秒かの間、トリニティが生み出した閃光は、地球上で前例を見ないほどの明るさを放ち、ほかの惑星からも観測できるほどであった。そして光が消え、キノコ雲が立ち上がった時、オッペンハイマーはヒンドゥー教の聖典『バガヴァッド・ギーター』にある、「我は死なり、世界の破壊者なり」という一説を思い出した。これより引用されることは少ないが、より記憶に残りやすいのは、試験場の管理者であったケネス・ベインブリッジがオッペンハイマーに語った、「オッピー、我々は皆、ろくでなしになってしまった」との発言であろう。原子爆弾の恐るべき破壊力とそれがどのように使われるかということが、マンハッタン計画に関わった科学者の多くに、その後一生ついて回ることになった。

ファットマンとリトルボーイ

七月の末までに、マンハッタン計画は二つの異なる型の原子爆弾として、コード・ネーム「ファットマン」（図3）と「リトルボーイ」（図4）を生み出した。ファットマンのほうが複雑な構造で、球根のような形をした一〇フィートの爆弾のなかに、プルトニウム239の金属球が入っており、それを取り囲むように高性能爆薬のブロックが配置され、きわめて正確に同じタイミングで爆発を引き起こす。これによりプルトニウム球が臨界密度まで圧縮され、原子核連鎖反応が生じる。ロスアラモスの科学者らは、プルトニウム型の爆弾の設計に完全な自信を持っていたわけではなく、それゆえトリニティでの実験が必要であった。リトルボーイ型の爆弾のほうはファットマンよりもシンプルで、ウラン235の塊を別のウ

図3　「ファットマン」のレプリカ　© 2003 Credit: Topham Picturepoint

図4　「リトルボーイ」のレプリカ　© 2003 Credit: Topham Picturepoint

ラン235の塊にぶつけ、爆縮というよりも爆発を引き起こすようになっていた。

十分な量のウラン235が合わさると、その結果生じる核分裂連鎖反応は核爆発を引き起こしうる。ただ、臨界量はきわめて短い時間のうちに集められる必要があり、そうでなければ連鎖反応の初期段階で放出された熱の影響で、燃料はその大部分が消費される前にバラバラになってしまう。この非効率な早期爆発を回避するために、このウラン型爆弾では、筒の一方からウラン235の塊を発射し、もう一方の端にあるウラン235の塊にぶつけるかたちをとった。このガンバレル方式は信頼性が高く、試験は不要と考えられた。もっとも、当時製造されたすべての高純度のウラン235をリトルボーイの製造に使ってしまったため、いずれにせよ実験はできなかったのであるが。ただそれでも、マンハッタン計画が、実験室での核分裂の発見を、［兵器として］戦場に持ち込むところにまでこぎ着けたのは明らかであった。

3　原子爆弾の使用

広島への投下の決定

グローヴスはすぐに、実験の報をスティムソン陸軍長官の補佐官に伝達し、補佐官はそれをスティムソンに暗号で伝えた。「今朝、実験を実施。評価は未了ながら、結果は満足のいくもので、すでに予想を超えていると思われる」。興奮したスティムソンは、その日の夜、トルーマンがポツダム会談中のベルリン視察から戻ると、彼に仮報告を行った。爆弾の［実験］成功で心が軽くなったのか、それまで日本との戦争を終わらせるためにソ連の助力が必要か決めあぐねていたトルーマンは、スターリンに対し不用意に、米国には「並外れた破壊力を持つ兵器がある」と伝えた。ニューメキシコにスパイを送っていたスターリンは、それが適切なかたちで用いられることを望むと述べるに留めた。「トリニティ」の成功により、米政府はソ連の助力なしでも対日戦を終えられると考えるようになり、トルーマンはポツダムから、日本政府に対し、即時の無条件降伏か「迅速かつ完全なる破壊」に直面するかを迫る、最後通牒を発した。

いずれにせよ、今や米国には比類無き破壊力を持つ兵器があり、スティムソンはこの兵器が「宇宙と人類の新しい関係」を生み出すとまで述べた。トルーマン政権高官らは、原子爆弾が太平洋の戦争を終結させうること自体では一致したが、それをどう使うのが最善かについては意見が割れた。ここに、一つの皮肉があった。原子爆弾を作った科学者らは、それがナチスに対して使われることを望んでいたが、日本に対して使われることが明白になると、これに戦慄を覚えた。デモンストレーションのかたちで無人地域に用いることを推す向きもあれば、日本海軍の艦隊に対して用いられるべきで、日本の都市への使用はあってはならないとする向きもあった。他方、原子爆弾を使用することの目的は、日本を打倒することよりも、ソ連に対する「核外交」のため、すなわち戦後の中東欧で、ソ連をより御《ぎょ》しやすくするためのデモンストレーションを行うことにある、との主張もあった。

さまざまな提案を検討したあと、トルーマンは、日本本土への侵攻を避けつつ、戦争を早期に終わらせる唯一の道は、日本の都市に対して原子爆弾を使用することだと結論づけた。一九四五年八月六日の朝、八時一五分をやや過ぎた頃、エノラ・ゲイと名づけられた単機のB-29が、人口三五万人、日本第二の軍事・産業中枢であった広島にリトルボーイを投下し、一瞬で八万〜一四万の人々を殺害、一〇万を超える重傷者を出した（図5参照）。

初の（一度も実験されていない）ウラン235型の爆弾の威力は、TNT火薬一万四〇〇〇トンに相当した。のちの熱核兵器の基準に照らせば、ちっぽけで初歩的な威力に過ぎなかったが、それでもあの恐ろしい一瞬のうちに、広島市の六割に当たる約一〇・四平方キロメートル（ニューヨーク市の八分の一に相当）が破壊された。爆発で生じた熱はセ氏一〇〇万度超にまで達したと推定され、周囲の空気に引火し、直径二五〇メートルにも及ぶ火球を生み出した。八キロメートル超離れたところからでも、爆発の明るさは太陽の十倍を超えるほどであったという。爆風は約一六キロメートル先の窓ガラスを粉砕し、五九・五キロメートル先でも感じられるほどであった。広島の建物の三分の二超が破壊された。熱パルスにより点火された無数の炎は合わさって旋風となり、爆心地から約七キロメートル以内のすべてを焼き尽くした。広島は、分厚い炎と煙の泡の下に消え去ったのである。

三日後の八月九日、ボックスカーと名づけられた、別の単機のB-29が、ファットマン（トリニティで試験された型の爆弾）を長崎（人口二三万五〇〇〇人）に投下した。ここには浦上川沿いに三菱の巨大な軍需工場が二つあった。一瞬で二万四〇〇〇人が殺害され、二万三〇〇〇人が負傷した。このプルトニウム型爆弾の威力はTNT火薬二万二〇〇〇トンに相当した。これは、連合国がハンブルクとドレスデンで都市爆撃の戦略を発展させるなかで生み出した、それまでで史上最も破壊力の大きい爆弾である英国の「グランド・スラム」の、二千倍を超える水準であった。広島のときとは異なり、炎の旋風は生じなかったが、地形の問題とファットマンのより大きな威力ゆえに、爆心地付近での爆風はより破壊的なものとなった。しかし、山がちな地形のため、破壊面積は広島のときよりも限定され、それゆえ人命の損失も広島ほどにはならなかった。ただ、以降数週間、放射線関連の疾患により、広島・長崎のいずれでも、死者の数は増えていった。日本の医師らは、なぜそれまで負傷していなかった民間人の患者らが衰弱していくのかに困惑した。

新兵器の衝撃

原爆投下の衝撃は、日本以外にも広がった。欧米諸国の新聞は、勝利に酔いしれながらも煙に巻かれたように感じていた大衆に対して、米国、英国そしてカナダの数多の科学者らが、いかにして太陽の力を利用し、これほどまでに破壊的な効果を生み出すことを可能にしたのかを説明しようと奔走した。また、米政府がマンハッタン計画という、大規模かつ長期にわたる軍事・科学事業を、これほどまでに秘密裡に完遂したことを説明するのも、容易ではなかった。こうした、米政府が成し遂げたものに対する逆説的な見方が、原子爆弾に対する米国民の典型的な反応であった。平和が訪れることへの高揚感は、そうした強力な兵器を保有することに伴う大きな責任への意識の高まりによって中和されるかたちとなった。英国の科学者パトリック・ブラケットなどは、広島と長崎を第二次世界大戦の最後の章ではなく、冷戦の最初の章と見るべき

図5　広島上空のキノコ雲　© 2006 TopFoto/Jon Mitchell

だと主張した。原子爆弾が作られた直後にはもう、原子力への反対運動が生まれた。マンハッタン計画に参加した多数の科学者たちが署名した、一九四五年六月一一日のフランク・レポートは、陸軍長官に対して、予告のない攻撃は間違いなく軍拡競争につながると警告した。だが、このレポートも、それに署名した科学者たちも無視された。

新兵器の衝撃は、それを生み出した軍と科学者らのコミュニティを越えて拡散した。過去に類を見ないことであるが、キノコ雲のイメージが新兵器の破壊力の象徴となるにつれ、大衆のイメージのなかにさえ、そうした衝撃が浸透していったのである。トルーマンが、「史上最大の科学的な博打」と呼んだものは、破壊的なまでの効果をもたらし、現代史が一つの転換点に到達したことは疑いようがなかった。実際、すぐにThe Bombと呼ばれるようになった原子爆弾は、第二次世界大戦後の世界の決定的特徴となったのである。

日本の降伏が目前となり、戦後アジアに一定の地歩《ちほ》を築くためにはすぐにでも戦争に加わる必要があると考えたソ連は、スターリンがポツダムで約束した時期よりも一週間早く、八月八日に対日宣戦した。宣戦の九分後には、極東ソ連軍の地上・航空部隊が満洲と朝鮮半島の日本軍に大規模な攻勢を開始した。極東でのソ連の作戦には、クリル諸島と南サハリンの奪取も含まれていた。圧倒的なかたちで行われたソ連の攻撃は、関東軍に多大な死傷者を生じさせ、わずか一週間足らずで、八万人の日本兵が殺害された（対するソ連側は死者八二一九人、負傷者二万二二六四人）。不吉な予兆であった。

厳しい現実に直面した昭和天皇は、文民の重臣らの支えもあり、ついに軍国主義者らの外国人憎悪の狂信を乗り越え、武勇と武力ではなく優れた科学によって自国は破れたのだと説き、八月一四日に降伏を命じた。米国は、天皇の神格の否定とマッカーサー主導の占領統治を前提に、天皇制を維持することに同意した。その後、対日戦勝記念日となる九月二日、連合国艦隊が東京湾に入港した。戦艦ミズーリの船上で、マッカーサーは連合国を代表して日本の降伏を受諾した。第二次世界大戦は、この簡素な儀式をもって終結したのである。

原爆投下を命じたトルーマン大統領は、その決定こそが戦争終結を早め、多大な犠牲を防いだと主張した。歴史的なエヴィデンスは、彼が正しかったことを強く示唆している。戦争疲れが顕在化するなかで、さらなる戦闘継続と追加の犠牲を迫られるとなれば、誰が大統領であっても同様の決断をしたであろう。勝者から見ても、広島への原爆投下と、その三日後に行われた長崎への原爆投下は、おぞましい戦争行為であった。だが、犯罪ではなかった。敗者の側は、ほとんど例外なく、別の見方をするであろうが。

第3章　生か死かの選択

1　原子力の管理

第二次世界大戦直後の時期における核軍縮の起源と問題に考えをめぐらすとき、留意されるべきは、核時代初期のこの段階では、一切のルールも、不拡散の規範も、核抑止の概念も、そして何より核戦争のタブーさえも存在しなかったことである。ただ、およそ六〇〇〇万人の命を奪ったであろう戦争が終わったその直後には、すでに目に見える軍拡競争が始まっていた。同時に原子力分野での（技術的）進歩により、エネルギーを無限に供給できる原子力発電など、原子力の平和利用の可能性も提起された。ただ問題は、原子力の軍事利用と民生利用のそれぞれにおいて用いられる科学上のプロセスが、事実上、同じものであるということであった。

従来、科学の進歩が起きるときには、その知見を国際的に共有しようとする動きが伴うのが常であった。しかし米国は、よく知られた原子爆弾の破壊力と、それが国家にもたらすパワーの大きさに鑑み、有効な国際的管理のシステムを欠いたままで、原子力分野の機密情報を他国と共有する気はなかった。この新技術の平和利用がもたらす便益の希求と、その軍事的な潜在力をコントロールする必要性のあいだでどう折り合いをつけるのかが、常に問われるようになっていった。

国連原子力委員会の創設

この問題に対する初期の取り組みは、国際的な合意に拠ろうとするもので、かつ不拡散と軍縮を結びつけていた。広島への原爆投下から二ヵ月が経とうとする時、トルーマン大統領は米議会で次のように語っている。「文明の希望は、もしそれが可能だとすれば、原子爆弾の使用と開発の放棄に関する国際的な取り決めにこそある」。この見方は、有力な原子科学者らのあいだで広く共有されていた。日本に原子爆弾が投下される前の一九四五年六月に発表され、これを作成した委員会の長の名を冠したフランク・レポートは、核兵器を米国が永遠に独占しつづけるのは困難である以上、国際的な合意による核兵器の廃絶が実現されるべきだと勧告した。

原子力の管理について検討する枠組みの設置を目的として、いくつかの政治的な措置が取られた。大戦中に原子爆弾の開発で協働した米国、英国、カナダの三ヵ国は、一九四五年一一月にワシントンで共同宣言を発し、平和的・民生目的での原子力利用に関連する科学的な情報をすべての国々と共有する意思を表明した。同時にこの宣言は、原子力が持つ平和的性質と破壊的な性質に折り合いをつけることの難しさを念頭に、そうした情報の共有が、適切な保障措置が確立されるまでは控えられることを要請し、併せて国連に対して、原子力の国際管理システムに関する勧告を行う委員会の設置を求めた。

一九四五年一二月二七日、モスクワ三国外相会議において米英ソの共同声明として発出されたモスクワ宣言のなかで、ソ連はこれらの原則に同意した。この宣言には、原子力の管理に関する委員会を設置する旨の国連決議のテキストが含まれ、共同提案者としてフランス、中国、カナダに参加を求めていた。決議は一九四六年一月二四日、国連総会の最初のセッションで、全会一致で可決された。

こうして創設されたのが、国連原子力委員会（UNAEC）である。国連安保理の全構成国（豪州、ブラジル、中国、エジプト、フランス、メキシコ、オランダ、ポーランド、ソ連、英国、米国）とカナダの一二ヵ国から成っていた。決議は、この委員会が安保理に対し説明責任を負うことを求めており、その安保理は、米国、英国、中国、ソ連が支配していた。この提案はソ連によるもので、原子力分野の知見の共有が、安保理での検討に強く規定されるであろうことを示していた。安保理では、それぞれの常任理事国が、手続事項を除く実質事項について拒否権を有しており、その拒否権は、当時も今もそうであるが、原子力の管理にかかわる試みにおいて重要な役割を果たすのである。

UNAECの責任には、以下のものが含まれていた。①平和目的［での原子力利用］のための基礎的な科学情報の交換の監督、②それが平和目的にのみ利用されることを担保するための原子力の管理、③国家の保有する核兵器の廃絶、④義務を遵守《じゅんしゅ》している国々を違反や義務逃れにより生じる不利益から守ることを目的とした、査察やその他の手段による保障措置、である。

同時に、ジェームズ・バーンズ国務長官は、管理の手法と、国際枠組みの交渉の間に米国を守るための措置について検討するための、委員会を設置した。ディーン・アチソン国務次官が主導したこの委員会の五人の構成員は、原子爆弾の開発に関与していた政治・軍事コミュニティから集められた。この委員会は、原子力の技術的側面にかかわる知見に関しては、テネシー川流域開発公社のトップであったデビッド・リリエンソールが主導した「諮問委員会」に依拠した。マンハッタン計画で大きな役割を担ったロバート・オッペンハイマーを含む三人の科学者も、諮問委員会のメンバーであった。

これら二つのグループの協働の成果が、「原子力の国際的管理に関する報告書」と題された文書であり、すぐに「アチソン・リリエンソール報告」として知られるようになった。一九四六年三月末に公開されたこの報告は、国際的な管理システムのあり方を規定するであろう、技術的な性質に焦点を当てた。より重要なことは、委員会のメンバーらは、この報告書における彼らの結論を、最終的な計画というよりも、議論のベースとなるものとみなしていたことである。UNAECでの米国の提案は、原子力の国際管理のシステムにかかわるアイデアの面で、アチソン・リリエンソール報告に多くを依拠することになった。

バルーク案

以上の背景のもとで、一九四六年六月、米国は国連において、ある提案を行った。これは、その提案の交渉責任者であり、第一次世界大戦以来、さまざまな役職で歴代大統領に仕えてきた老練の政治家バーナード・バルークにちなんで、バルーク案として知られるようになる。バルーク案がめざしたのは、核兵器のさらなる拡散を防ぐことであり、それは表向きには、新たに創設された国連を通じて、原子力技術と核物質を厳重に管理することで達成されるものであった。そこでは、国連の機関が原子爆弾の製造に用いられる原料の鉱山を監督・管理し、その生産すべてに責任を持つ。同時に米国は、段階的な措置によって、自身の核兵器と関連施設を放棄することになっていた。

一九四六年六月一四日、国連での提案にあたり、バルークは芝居がかったかたちで、米国の西部開拓時代を引き合いに出した。「我々は、生か死かの選択をしに来た……失敗すれば、全人類が地獄に突き落とされ、恐怖の奴隷となる。自分たちを欺くのは無しにしよう。我々は、世界の平和か世界の破壊かを選ばなければならない」。バルーク案のエッセンスは、大衆にとっても簡単に理解できるものであった。ウィルソン大統領のもとで戦時産業局の議長を務めたバルークは、原子力の開発と利用の全段階を監督することを唯一の目的とする、国際原子力開発機関の設置を提案した。この機関の活動の成功は、原子力関連活動の管理と査察を有効に実施できるかにかかっており、それが成功した場合にのみ、米国は核兵器の製造を止め、保有する核兵器を廃棄する用意がある、というのが提案の論理であった。

バルークが挙げた、取り決めのもとで禁じられる活動は、次のようなものである。①核兵器製造に利用される核物質の保有や分離、②国際機関が所有する、あるいは所有を許可した財産の押収、③機関の活動に対する干渉、④機関が定めるところに違反する、もしくはその許可なしでの「危険な」事業の実施。そして、バルークは彼自身の色を出した部分として、そうした活動に従事した国家に厳しい罰則が課されるよう求めた。また、彼は安保理の活動における拒否権の重要性を認めつつも、原子力に関しては、「原子力を破壊的な目的のために開発・利用しないという、厳粛な合意に違反した国家を守るための拒否権は、認められるべきではない」と述べた。

バルーク案への反応はさまざまであった。ウィンストン・チャーチルは、スピーチを読んだあと、バルークを称賛し、「バーナード・バルーク以上に、これらの難題を委ねたいと思える人物はいない」と述べた。他方、放棄するものが多すぎるとの批判や、ソ連に不公平に過ぎるものとして反対し、ただちに原子爆弾の製造を停止することを求める声もあった。約三〇人の上院議員らがこれを持続可能なものではないとしたが、他方で上院外交委員長アーサー・ヴァンデンバーグは、「ニューヨークでこれまで起きたことのなかで、世界の平和にとって最も重要」なものだと言及した。九月までには、ある世論調査が、米国人の七八パーセントが案を支持していると伝えていた。

拒否権の問題も、賛否両論を呼んだ。著名なコラムニストであるウォルター・リップマンは、バルークは拒否権条項で米国を袋小路に追い込んでいると非難したが、最高裁判事のウィリアム・ダグラスは、安保理から原子力問題での拒否権を剝奪するバルークの計画を支持した。米共産党の機関紙「デイリーワーカー」は、拒否権の除去を、米英がソ連を打倒するための新たな機会の追求であるとして、「ハクトウワシ（米国の国鳥）の新たな侵略行為を象徴するもの」だと断じた。ソ連からの反応は、提案から五日後の六月一九日、グロムイコ外務次官の演説のなかで出された。

グロムイコ案

グロムイコは原子力の平和に関する米国の主張をかわし、代わりに核兵器の生産と使用を禁じることをめざす国際会議の開催を求めた。同時に、この問題に関するいかなる国際的合意を形成するうえでも、前提として、米国による一方的な核軍縮を要求する立場を表明した。グロムイコはこの目的のために二つの決議を提起した。一つは、原子爆弾の使用と製造を禁ずるための国際会議の開催を求め、同時に三ヵ月以内にすべての現存する核兵器を破壊するとともに、出席国代表らに違反者を罰する各国国内法を制定することを要請するものであった。もう一つは、二つの委員会の設置を求めるもので、一方は科学情報の交換を、もう一方は国際的な取り決めの遵守を確保するための手段の検討を目的としていた。

バルーク案に対するソ連の唯一の直接的な応答は、拒否権撤廃への反対であった。「実質事項に関する決定における安保理の全会一致原則を含め、国連憲章によって定められた諸原則を侵害するような試みは国連の利益にそぐわず、排除されねばならない」。冷戦の分断が生じつつあるなか、ヨシフ・スターリンの代理人がほかに何か言えることがあろうはずもなかった。

これに対する米国の公式の反応は、あまり目立たないものであった。米国代表団の一人は記者会見のなかで、彼自身は落胆していないと述べ、ソ連の提案は「ソ連の最終的な立場というよりも議論のためのもの」であるとの理解を示した。この交渉の初期段階において、立場の違いがあまりにも露呈するのを避けるため、米国代表団は、匿名の情報を報道を介して流すことにより、自身の主張を通そうとした。ニューヨーク・タイムズは信頼できる筋の情報として、少なくともバルーク案にある保障措置がないかぎり、自身の軍事力の源泉を放棄することになるグロムイコ案を米国が受け入れることはできない、と報じた。

ＵＮＡＥＣまず、国際管理機関に関してそれまで提案されたすべてのアイデアを取り入れた計画を起草するために、委員会全体を作業部会に改編することに合意した。米国は、自身の案が多くの支持を得ていることに触れつつ自国の立場を繰り返し、ソ連も同様に自身の立場を述べた。委員会の名称をめぐるグロムイコの主張との関係で若干手間取ったものの、より小規模の会議体として第一分科会が設置され、国際管理のための案の内容を起草することになった。分科会のメンバーは、フランス、メキシコ、英国、米国、ソ連であった。

第一分科会は七月一日に会合を開いた。この前日、米国がビキニ環礁で原子爆弾の実験を行っており、これを米国が核兵器の独占を手放す意図がないことの証左だと見る向きもあった。米国による核実験の継続は、そうしたプロパガンダの格好の材料を提供しただけでなく、おそらくソ連が自身の核兵器を追求する動因ともなった。米国は、七月二五日にさらなる核実験を行った。ただ九月には、トルーマンが一九四七年三月に予定されていた次の実験の延期を決めており、これは部分的には交渉への配慮からであった。

第一分科会での議論は、米ソ間にある根本的な立場の相違を浮かび上がらせた。グロムイコは、まず核兵器を違法化することを主張し、国際管理のシステムについてはあまり関心を持っていなかった。対する米国側は、彼らの核兵器を放棄する前に、十分な管理システムが構築されることを要求した。

拒否権に関する米ソの相対立する立場は、さらに固定化されていった。米国が提案書を提出した目的は、ソ連からより具体的な反応を引き出すことであったが、グロムイコの立場は揺るがなかった。

第一分科会議長のハーバート・エバット豪外相は、議論の行き詰まりを認識し、何らかの共通項を見出せるかもしれないとの期待のもと、UNAEC本体に対して、政治的な問題を脇に置いて、テクニカルな問題に取り組むための三つの委員会の設置を提案する。多数決で、第二委員会、科学・技術委員会（唯一ソ連が設置に賛成）、法律委員会が設置された。最も重要な作業は、科学・技術委員会において為されることになった。

新設の委員会のうち、まず第二委員会が会合をもったものの、第一分科会でも見られた対立を越えられず、ここでグロムイコがバルーク案を明確に拒否した。一九四六年七月二四日、グロムイコは「現状の米国の提案は、全体としても部分としても、ソ連にとってはいかなる形でも受入不可能なものである」と述べている。グロムイコはまた、拒否権の撤廃についても譲歩を拒み、討議のなかで国連の創設にまで立ち戻って、主権の問題の重要性を強調した。バルーク案は、原子力を、国家の重要事項ではなく国際的な問題とみなしており、そうした理解は、加盟国の国内問題への不干渉を謳った国連憲章第二条第七項への違反である、というのがグロムイコの論理であった。

科学・技術委員会は一九四六年七月一九日に会合を開始したが、この委員会の議論の枠組み自体は大成功を収めた。科学者から成るインフォーマルなグループを作り、その構成員は出自国を代表するものではないことが合意された。彼らは一個人として、純粋に保障措置の技術的側面を検討する。ここで導出された結論はすべて、科学・技術委員会本体へと報告されることになった。米国はアチソン・リリエンソール報告の技術的情報に加えて、一一の論文によって、基礎的情報と原子力の有益な利用に関する知見を提供した。科学・技術委員会はマンデートに沿って、九月三日に報告書をまとめ、「原子力の有効な管理が技術的に不可能であることを示す、いかなる科学的事実」も見当たらなかったとの結論を提示した。ただ、そこには常に別の問題、すなわち政治的な問題があった。

議論が行き詰まると、バルークは二つの提案に関する承認を求める書簡をトルーマンに送ることを決心した。一つは、早い時期、できればUNAECのメンバーがローテーションでの交替を迎える一九四七年一月より前に、UNAECで採決を行う許可を求めるもの、もう一つは、UNAECでの協議決裂の可能性に備えて、原子力に関連した軍事面の態勢整備を求めるものであった。

バルーク案を厳しく批判した、商務長官ヘンリー・ウォレスの見解が広く報道されたことを受けて、バルークは九月一八日、書簡を手渡すためにホワイトハウスを訪れた。リベラル派から歓迎されたウォレスの発言は、バルークにとって大きな打撃であり、彼の威信を低下させた。ウォレスは、バルーク案の主な欠点として、米国は他国に対して核エネルギーの軍事的利用を模索する権利を放棄し、原料物質を国際的な機関に引き渡すよう要求する一方、当の米国はそうした制度が確立されたと感じるまで核兵器を放棄しないと主張していることを挙げた。逆の立場になれば、米国はそうしたディールを受け入れることはないというのが、彼の見方であった。

バルークにしてみれば、そうした政府内の不一致が明るみに出ることは、来るUNAECの採決の意義を減じるものでしかなかった。パリ平和会議の外相会合の際、ジェームズ・バーンズ国務長官も同様の不満を述べ、ウォレスの発言は同会議での彼自身の立場を弱めるものだとした。バルークとバーンズはいずれも、ウォレスが発言を撤回しないならば辞職すると脅した。これに危機感をおぼえたトルーマンは、九月二〇日、ウォレスに辞職を求め、ウォレスはこれに応じた。

ウォレスとバルークの対立が報道を賑わせていたなかで、ソ連は最終的に、科学・技術委員会の報告に関する採決を求めた。同委員会は、報告を支持するソ連の投票行動を歓迎したが、そうしたムードは長くは続かなかった。ソ連代表はこの投票に留保をつけると述べ、報告の結論が立脚している情報が不完全であるという事実に基づき、これは仮説的かつ条件付きのものとみなされるべきであるとした。第二委員会は一〇月二日、科学・技術委員会の報告を正式に受領し、当該分野の多様な専門家の見解を聴取するプロセスに入った。

第二委員会の審議は円滑に進んだものの、一九四六年一〇月を通して取られたさまざまなソ連の行動が、立場の違いの根深さを浮き彫りにした。同時にバルークはトルーマンに対し、早期の採決に関する承認を求めた彼の九月の書簡に対する回答を催促した。バルークが一一月、年内にＵＮＡＥＣでの採決を強行する許可を得るまでには、彼の案はソ連からほとんど拒否されたも同然で、バルークの評判は、国連でソ連からの激しい攻撃にさらされた。

2　冷戦の到来

一一月一三日、四ヵ月ぶりのＵＮＡＥＣ全体会合で行われた採決では、賛成一〇、棄権二（ソ連、ポーランド）で、ＵＮＡＥＣが自身の検討結果と勧告を一九四六年一二月三一日までに安保理に報告することが承認された。ソ連の遅延戦術にもかかわらず、バルークは早期の採決という彼のゴールに近づいた。一二月五日、自身の役職をホワイトハウスから改めて承認されたバルークは、彼自身の名を冠した案が安保理への勧告として採択されることを提案したが、その日に採決を行うことは求めなかった。一二月二〇日、ポーランド代表団がバルーク案を国連総会の政治・社会委員会に諮ることを提案した一方、ＵＮＡＥＣは採決を一週間遅らせるというソ連の提案を却下した。事ここに至り、グロムイコは以降のプロセスへの一切の参加を拒否し、年末までその立場を貫いた。

数日後の一二月二六日、第二委員会は保障措置に関する自身の報告を議決し作業部会へと提出、同部会は翌日、一パラグラフずつ、バルーク案を審議した。意見の不一致をみた点は一つだけで、拒否権問題であった。作業部会はＵＮＡＥＣ全体会合にバルーク案を付託することで合意したが、未解決の論点を説明し、かつソ連が審議に参加していないことを記したカバー・レターが付された。一二月三〇日のＵＮＡＥＣ最終会合は、作業部会の報告を採択し翌日に安保理へと提出するというバルークの提案で合意する。これは多数決で採択されたものの、ソ連の同意はなく、コネチカット州選出の民主党上院議員ジョセフ・Ｉ・リーバーマンは、これを米国にとっての「無意味な勝利」と呼んだ。

評決の直後、バルークは予定どおりに辞任し、彼の役職は米国の国連代表ウォーレン・オースティンが兼ねることになった。これはおそらく、交渉者と国連代表を同一の人物とすることで、米国の立場を強めるためであった。安保理は大きな成果のないまま報告について討議し、一九四七年三月になって、議論をＵＮＡＥＣに戻す旨を決議した。ＵＮＡＥＣは第二の報告を九月に提出した。検討過程で含まれていた、最初の報告に対するソ連提案の一二ヵ所の修正は、すべて却下された。ＵＮＡＥＣは一九四八年の春まで会合を続けたが、安保理はＵＮＡＥＣの第二報告を検討しなかった。ＵＮＡＥＣの第三報告は、委員会での議論が行き詰まりを迎えたとして、安保理に検討を停止するよう求めた。一九四八年の夏、すべてのＵＮＡＥＣ報告の承認に関する安保理決議にソ連が拒否権を発動、他方でＵＮＡＥＣが将来核兵器を管理下に置く道を見出すことに望みをかけて、多数派の承認を得た案が拘束力のない総会決議として可決された。国連総会がＵＮＡＥＣの活動停止に合意した一九四九年一一月には、希望は失われつつあった。

バーナード・バルークが一九四六年六月のＵＮＡＥＣの立ち上げに際して行った、核兵器の管理に関する米国初の提案は、その後六〇年間続いていくことになる、数千とは言わないまでも数百に及ぶ、多国間・二国間の軍備管理措置に関する議論の始まりであった。「バルーク案」は、原料物質から軍事的応用に至るまで、核エネルギーに関するすべての活動を管理ないしは保有する、国際原子力開発機関を生み出すはずであった。ソ連やほかの国々の代表団は、米国は自身の核兵器を手放さず、他国には核兵器の獲得を諦めるよう迫っているとして、米国の提案に異議を唱えた。これはそう的外れではなかった。バルークは一九四六年一二月に、「米国は、主張しさえすれば求めるものを手に入れることができる」と述べている。「結局、我々はすでに〔核兵器を〕持っているが、彼らはまだで、当分は手に入れられもしない」。いずれの点でも、バルークは読み誤っていた。ソ連はバルークの案を拒否し、すぐに自前の核兵器を作ることになるのである（第4章参照）。

「米国もソ連も、一九四五年ないし一九四六年の段階で、合意のために相手方が求めるリスクを取る用意がなかった」というのが、歴史家バートン・バーンスタインの結論である。「その意味で、原子力に関する行き詰まりは、米ソ関係の相互不信の象徴だった」。バルーク案以来、米国は条約の遵守を検証するための干渉的な査察システムを要求していくが、ソ連はこれを合法化されたスパイ活動であると捉え、この問題は以降の軍備管理の試みを行き詰まらせる大きな原因となっていった。時が下り、引き続きジョージ・H・W・ブッシュ元大統領のいう「人類の魂をめぐる競争」〔冷戦を指す〕が続きながらも大きく文脈が変わった時、この問題に大きな転換が起き得たことは、驚くにはあたらないのだが。

第4章　水爆への競争

一九四九年九月二三日の午後、首相官邸の階段で足を止めた英首相クレメント・アトリーは、短い声明を読み上げた。「英国政府は、過去数週間にソ連で核爆発が起きたことを示す証拠を持っている」。核兵器の国際管理に向けた努力の強化を要請したことを除けば、この声明にはそれ以上何の説明もなかった。いつ、どこでその爆発が生じたのか、それがどのようにして探知されたのかは、一切述べられていない。もっとものちに、当該プルトニウム型爆弾の実験が八月二九日に行われたもので、この声明までには一ヵ月近くが経っており、かつその爆発は、偵察機が大気サンプルを収集したあとで探知されたことが明らかになったのであるが。

とはいえ、この段階ではそれらは一切公表されなかった。ジャーナリストらは事の顚末《てんまつ》を掘り下げようとしたが、ほかの政府当局者らも等しく口を固く閉ざした。大衆の受け止め方もきわめて抑制的であった。BBCが夕方のニュース冒頭でこれを報じた際も、内容は典型的な事実報道であった。大西洋の反対側では、概《おおむ》ね同時に、ハリー・トルーマン大統領が同様の声明を発出していた。これも詳細にはほとんど触れないものであったが、国内の政治的混乱を避けるべく先回りして、ソ連がいつかは核兵器を作るのが不可避であることは「常々考慮されてきた」という安心供与のための文言を伴っていた。その含意は不確かであったが、メッセージは明確であった。米国による核の独占は、最も悲観的な論者らが予測していたよりも早く終わったのである。英国人にとって、それは彼らの小さく人口密度の高い島々が、この新兵器にきわめて脆弱《ぜいじゃく》であることを思い起こさせた。時間と空間「的な遠さ」に守られた米国人にとっては、差し迫った危険の感覚は、常により薄いものであった。

ソ連が原子爆弾を完成させたことに対する大衆の反応は、驚くほど静かなものであった。それは誰が予測したところよりも早かったが、その能力自体はショックを生むものではなかった。ソ連がいつ核兵器製造の敷居を越えるかについて、西側の予測には幅があり、これはソ連の核プログラムに関する確たるエヴィデンスの欠如を反映していた。一九四六年一〇月三一日付のこの問題に関するＣＩＡの初めての予測では、ソ連が最初の爆弾を作るのは一九五〇～五三年のあいだであろうとされている。その後の予測では、このタイムスパンの後段のほうがより強調されるようになる。ソ連が最初の原子爆弾を爆発させるわずか五日前、ＣＩＡはソ連が原子爆弾を作れるようになる「最も早い時期」を一九五〇年の半ばとし、他方で「最も可能性の高い時期」を一九五三年の半ばと予測していた。一部の政策決定者らも自身の予測を提示している。米国の駐ソ大使で、のちにＣＩＡ

長官を務めるウォルター・ベデル・スミスは、一九四八年九月のベルリン封鎖のさなか、ジェームズ・フォレスタルに対して、ソ連が原子爆弾を開発するまでに少なくとも五年はかかると述べている。いわく、「彼らは机上のノウハウこそ持っているかもしれないが、抽象的な知見を具体的な兵器に結実させられる、産業複合体を持っていない」。英国の原子力プログラムのトップであったヘンリー・ティザード卿の予測は、一九五七年か一九五八年であった。もっと遅い時期を挙げる向きや、原子爆弾製造プロセスの技術的な困難をソ連が乗り越えられることは決してない、という主張もあった。米空軍内のグループによる、最も悪いシナリオの予想でさえ、一九五二年か一九五三年だと見ていた。

この発表は世界中の報道で盛んに取り上げられたが、大衆の反応は比較的落ち着いたものであった。発表に詳細が伴っていない点を挙げ、本当にソ連による爆発が起きたのかを疑う向きさえあった。この件に関する［米側の］公式の発表は、爆発がどうやって検知されたのかについて一切説明せず、それは結果として、米議会内の急進的な孤立主義者、たとえばオーウェン・ブルースター上院議員（共和党、メーン州選出）などによる、実際にはソ連は核兵器を持っていないとする主張を勢いづかせることになった。ソ連が実験後にこれを喧伝しなかったことも、懐疑派を後押しした。ソ連は、以後二年が経過するまで、二つめの核装置を実験しなかった。一九五一年九月二四日、空軍の原子力探知システムが、ソ連内で異常に激しい音響信号を探知し、それがのちに二度目の核爆発であると確認された。

この知らせを受けて、核兵器の製造にかかわるソ連の能力の再評価が行われ、ソ連の核兵器保有数の増加ペースは、一九五〇年末までに一ヵ月に二個に達すると見られていたものが、一ヵ月に五個以上と見られるようになった。米国の情報評価によれば、これはソ連の核兵器保有数が、一九五〇年半ばの一〇〜一二個から、一九五四年半ばには二〇〇個にまで跳ね上がることを意味し、それは米国の国防計画上、臨界点を構成するに足るものであった。米国防当局は、ソ連が米国内の標的に約二〇〇個の原子爆弾を投下する能力を獲得すれば、彼らは米国の最も枢要な攻撃目標を破壊し、それにより米国の戦争遂行能力に壊滅的な打撃を与えられるようになるとの結論に達した。

1 黎明期の核競争

米国の核独占

核時代の黎明期、軍事計画と外交政策目標をつなぐ一貫した戦略政策を策定することに関して、米国の動きは驚くほど遅々としていた。米国は四年超にわたって核の独占を享受しており、この間、米国とその最も緊密な欧州同盟国、とくに英国は、核兵器の甚大な威力を西側の外交政策に役立てるための、一貫したドクトリンを作れないままでいた。当時西側に、ソ連の共産主義体制との新たな種類の戦争が生じているというコンセンサスが形成されつつあったにもかかわらず、である。彼らにできたのは、せいぜい、アドホックなかたちで、比較的空虚な脅しを発することだけであった。米国防長官ジェームズ・フォレスタルは、これを「継《つ》ぎ接《は》ぎの仕事」と批判していた。一九四八年一一月、正式にソ連共産主義に対する封じ込めの概念が採択されたが、トルーマン政権の政策決定者のほとんどは、米国の核の独占ゆえ、ソ連は全面戦争を恐れ、平和を壊すことはないと単純に考えていた（むしろ、おそらくはそう望んでいた、というほうが正しい）。

だが、それがトルーマンの意図したところだとすれば、うまくいきそうにはなかった。原子爆弾は「勝利の兵器」と考えられたが、一九四八年までには、西側が冷戦に勝利しつつあるわけでもなければ、ソ連が繰り返し西側の利益に挑戦することを防げてもいないことが、誰の目にも明らかになっていた。あらゆる重要な前線において、ソ連がイニシアティブを取っているようにさえ見えた。フランスの戦略家レイモン・アロンは、一九五四年に、「広島の原爆投下から今までの時期を通して見ると、米国は、よく知られた核独占から、得たものより失ったもののほうが多いのではないか、という印象はぬぐい難い。それは、冷戦では役に立たないのである」と述べている。政治的な危機は、次から次へと到来していた。ユーゴスラビア、イラン、ギリシャ、イタリア、フランス、ドイツ。そして、原子爆弾が使用されるのかという議論すべての底流にあったのは、果たしてそれを使用できるのか、という問いであった。

目下の関心は、真の意味での核の能力を構築することに移っていた。兵士らを戦場から引き戻し、戦争状態から平時へのスムーズな経済的移行をもたらすべきという政治的な圧力は、第二次世界大戦後の、大規模な動員解除へとつながった。次の戦争に備えることよりも、国内により優先すべき

込むことが模索されていたものの、これらの新兵器が戦争遂行に寄与する最善のかたちが何なのかは、はっきりしないままであった。軍の計画者らは、原子爆弾がソ連との戦争において明白な優位を生むことを望んだが、同時に彼らは、地理的な要因とソ連国家の構造ゆえ、高価値の攻撃目標があまりないことも認識していた。モスクワやレニングラードといった都市をねらうことは兵站上可能ではあったものの、これは多くの不利益がある一方で得られるものが少ない選択肢であった。第二次世界大戦で二七〇〇万人の人命を失った国にとって、そうした都市攻撃が生み出すショックは大きくはなく、かつそうした攻撃は、［軍事的な］勝利にあまり貢献しそうにはなかった。第二次世界大戦は、敵対国の戦争遂行能力を戦略爆撃で攻撃することの価値を示したものの、ソ連は日本やドイツとは事情が大きく異なっていた。軍当局者らが「ソ連軍事機構の最も重要な歯車」と呼んだソ連の輸送システムは、密集したハブがあまりなく、相互に広大な距離をもって広がっており、当時はまだ限られた核兵器しか保有していなかった米国にとって、標的とするにはあまりに分散しすぎていた。ソ連の軍事産業もまた分散しており、唯一戦略爆撃に脆弱と見られたのは石油供給であった。一九五六年になって初めて、米国家安全保障会議は、米国がソ連に対して「決定的な打撃」を行う能力があると考えるに至ったのである。

戦後の動員解除の結果、大統領が核独占の状況を梃として利用するために行使しうる現実的な政策オプションは、著しく減少していた。しかもその行使は、核兵器に関連した情報を取り巻く徹底的な秘密主義によって妨げられてもいた。大統領ですら、米国がどれだけの数の核兵器を保有しており、それをもって何ができるのかに関して、率直な答えを得られなかった。ベルリン封鎖に対処するための良好なオプションが何もないという事実が、米国の軍事的機能不全を明るみに出した。これを受けて、統合参謀本部は国防態勢の見直しに着手し、手始めに核戦略に手を付けた。フォレスタルと統合参謀本部は、トルーマンによる国防予算の抑制を阻止するためにベルリン封鎖を利用し、この機を捉えて、米国自身の軍事的な強さに関する認識だけに依拠するのは不十分であり、実際上の軍事力の裏付けが必要であると主張した。ベルリン封鎖のさなかで、「戦争において原子爆弾を使うつもりなのかそうでないのか」を明確にしようとしないトルーマンの姿勢に苛立ったフォレスタルは、統合参謀本部に対し、核兵器の使用を前提とした戦争計画の策定を許可したのである。

さらにベルリン封鎖のなかで、米国が英独にB－29「核」爆撃機を送ることによって即興の核抑止をでっち上げなければならなくなったとき、米国の核戦略の不十分さが露呈した。これはブラフであった。

いかに核戦争を遂行するのかについて、ほとんど誰も真剣に考えていなかった。ウィンストン・チャーチルは、ソ連がベルリンから撤退し、東ドイツを放棄し、ポーランド国境まで後退しないならば、米国の核爆撃機がソ連の都市を壊滅させるという最後通牒を発することを提案した。駐独米軍司令官であったルシアス・D・クレイも同様の立場を取り、フォレスタルに対し、「原子爆弾を使用してモスクワとレニングラードをまず叩くことを躊躇《ちゅうちょ》しない」と述べている。英外相アーネスト・ベヴィンも、「我々は本気である」ことを見せつける機会に熱心であった。

他方で、ソ連を口頭で攻撃するのを魅力的と感じていたのと同じくらい、米国は慎重に行動しようとしてもいた。英国政府の政策が物語っていたように、西側がそうした核の威嚇に「サソリの針」を伴わせることができるかは疑わしく、これは米国の政策決定者たちもひそかに認めていた。そもそも、米国の核独占にもかかわらず、スターリンがベルリンを封鎖するという挑発的な行動に出たことは、抑止というものが、作り上げられ、かつ明確に打ち出されねばならないものであることを何よりも示していた。単に核兵器が存在するというだけでは不十分なのである。さらに、多くの人々が恐れていたように、米国が行ってきたコミットメントは、すでに自身の軍事的な能力を超えていた。

ソ連による原子爆弾の開発

スターリンは、核兵器の抑止効果を真剣に捉えていないことを公言していた。これはその後数十年にわたり強固になっていった、核抑止に関する米ソ間の理解のギャップを予感させるものでもあった。一九四六年九月、プラウダ紙に掲載された発言のなかでスターリンは、「原子爆弾は度胸のない人々を怯えさせるためのものだが、戦争の帰趨を決することはできない」と述べている。そして、過去の戦争でそうであったように、いわゆる「永続的作用要因」が、将来のいかなる戦争においてもソ連の優越を保証するという、揺るぎない信念を主張したのである。

こうしたスターリンの計算された無関心は、一種の戦略的な賭けであった。それは政治的・外交的には有益であったが、意図的に現実を覆い隠していた。そうした公の姿勢の裏で、スターリンの私的な発言や指示に見られたのは、原子爆弾が国際関係に与えうる潜在的な影響についての、より微妙な理解であった。ソ連の科学者たちは一九四二年五月までにスターリンに対し、英米が共同で原子爆弾の開発をしている可能性があること――これはスターリンが、マンハッタン計画について トルーマンより前に知っていたことを意味する――を警告していたが、スターリンがその新兵器の意義を理解するのには時間がかかった。彼は当初、核兵器が重要なものであるとの見方に懐疑的であった。英米が原子爆弾の開発で協働しているという報告を情報機関が上げた時、彼はそれが意図的に誤情報を流して混乱を招く試みの一部なのではないかとの疑念を呈した。だが、逆説的ながら、原子爆弾開発の存在にかかわる肯定的な裏付けではなく、米英両政府がドイツへの情報流出を防ごうとした結果、奇妙なまでに専門誌における科学的知見の公表が少なくなったことを受けて、そうした米英の協働の存在を確信すると、スターリンはすぐに核兵器の意義を理解した。ソ連の元スパイ、パヴェル・スドプラトフによれば、一九四二年一〇月、ある高位の科学者から、核兵器開発計画について単純にチャーチルとルーズベルトに質《ただ》してはどうかと提案されたスターリンは、「将来の世界を支配する兵器の情報を彼らが共有するなどと考えているなら、政治的にナイーブだ」と述べたという。このコメントは、原子爆弾の革命的な潜在力に関するスターリンの認識を示すというだけでなく、同盟国である米英に対する明確な疑念を示した点でも興味深いといえる。

ソ連は原子爆弾の開発を一九四三年に開始したが、これはドイツが先にそれを手に入れるかもしれないという恐怖からであった。ただ、ほかの切迫した課題もあり、一貫して大きなリソースが投じられたわけではなかった。結局のところ、核兵器開発とは大規模かつ費用の高くつく賭けであり、国土の安全が確保されたなかで、天然資源と二〇億ドルもの資金をそこに投じられるだけの余裕は、米国にしかなかったのである。広島への原爆投下後に初めて、ソ連にとってこれが最優先事項になった。

それ以前のスターリンは、この新兵器がもたらす破壊のスケールを大幅に過小評価していたようである。しかしそれは、日本に対する原子爆弾の投下で示された劇的な効果によって、確実に変わった。その後のスターリンが、国際政治を変えうる核兵器の潜在性を認識するに至ったのが確実であることは、ソ連治安部門トップのラヴレンチー・ベリヤと同国の主導的な原子科学者イーゴリ・クルチャトフに対する、彼の指示が示している。スターリンは、ソ連の核兵器開発を「ロシア的な規模」で強化すべく、一切の資源を惜しまないよう命じたのである。スターリンは、原子科学者らの研究活動に、前例のない自由と、ソ連国家が与えうる限りのあらゆる物質的な支援を供与することを約束した。「広島は全世界を震撼させ、均衡は崩れた。［原子］爆弾を作れ。それによって、我々は最大の危険を取り除くのだ」。スターリンは科学者たちにそう語った。この決定は、現代のソ連軍産複合体の発展に深い影響を及ぼすことになり、スターリンの後継者らがその後大規模な核プログラムを作り、二〇年のうちに西側と事実上の戦略的パリティ（均衡）を打ち立てるうえでの、基礎を形成したのである。

ソ連のスパイも重要な役割を果たした。マンハッタン計画の初期段階では、安全確保上の資源のほとんどがドイツの諜報《ちょうほう》活動への警戒に投じられたため、ソ連は詳細な青写真も含め、同計画から着実に情報を得ることができた。そうした情報をもたらしたのは、クラウス・フックスやディビット・グリーングラス、ローゼンバーグ夫妻などのシンパやエージェントであった（ローゼンバーグ夫妻は一九五三年に反逆罪で処刑された）。（図6参照）

一九九〇年代初頭にソ連のアーカイブが開示されたことと、いわゆるヴェノナ文書、すなわち一九四〇年代にモスクワと米国内のソ連諜報拠点とのあいだでやり取りされた三〇〇〇に及ぶメッセージの翻訳版の機密解除により、ソ連諜報活動の黄金時代の実相が明らかになった。諜報から得られた情報は、ベリヤの組織によって直接ソ連の科学者に送られていた。冷戦初期の西側では、こうしたインテリジェンスが直接的にソ連の核開発プログラムを加速させていることは、ほとんど周知の事実であった。

スターリン時代のソ連の軍事ドクトリンでは、核兵器は攻撃兵器としては概《おおむ》ね無視されていたが、原子爆弾を搭載する可能性のある米国の長距離爆撃機に対する防御策は積極的に追求された。一九四八年ごろには、対航空機防衛の優先順位が引き上げられた。また同じころ、ソ連の科学者たちは、大陸間弾道ミサイルと弾道弾迎撃ミサイルの技術の模索を始めた。

原子爆弾に対するスターリンの見方は徐々に変わった。ソ連の政治体制に起因する厳格な秘密主義もあり、スターリンが米国の核兵器に抑止されたのかを検証するのには困難が伴う。ソ連外交の

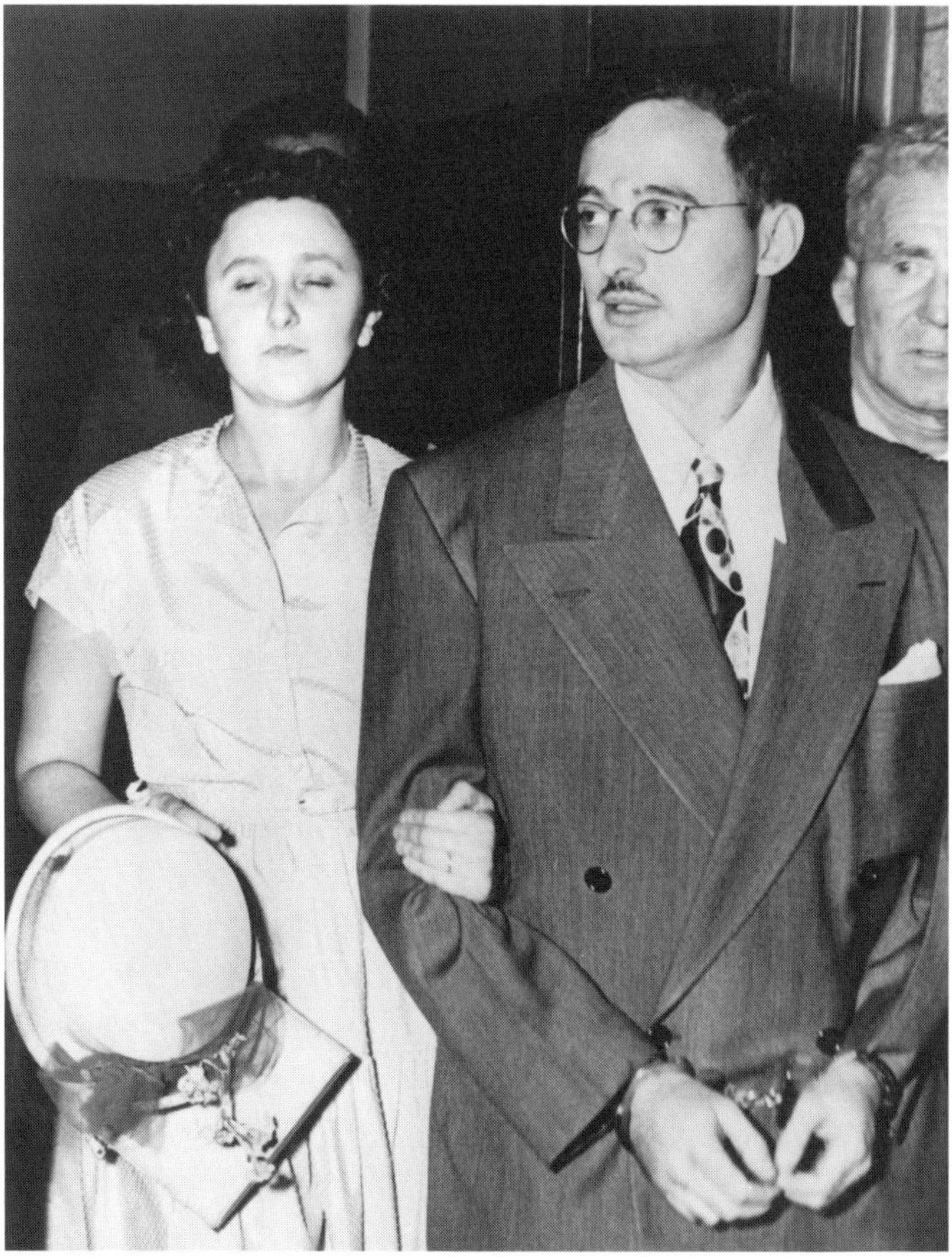

図6　ローゼンバーグ夫妻　© Bettmann/Corbis

著名な研究者であるウラディスラヴ・ズボックは、核クラブの他国の指導者のほとんどと同じように、核問題に関するスターリンの思考は時を経て進化していったと主張する。ズボックは以下のように推測している。

もし誰かがスターリンに対し、原子爆弾が将来戦争が起こる可能性に影響を与えるかどうか問うたならば、一九四五年の広島への原子爆弾投下後と、彼の晩年である一九五二年の時点では、回答がまったく違っただろう。一九四五年には、スターリンはおそらく、核独占は米国をして世界の覇権追求へと向かわせ、戦争をより起きやすくしたと答えたと思われる。他方、一九五〇年の初め、ソ連初の核実験が行われたあとでは、力の相関関係が、社会主義と平和の側に益するかたちで再び変化したと答える用意があっただろう。

ウィンストン・チャーチルは、米国の原子爆弾こそが、共産主義の前進を押しとどめた要因であると主張していた。一九四八年のウェールズでの演説で、「今日の欧州と、共産主義の暴政への完全なる屈服の間を隔てるものは、米国の原子爆弾だけだ」と語っている。チャーチルはこのフレーズをしばしば繰り返していた。

振り返ってみると、米国は世界で唯一の核保有国であったにもかかわらず、驚くほどに、他国による核兵器開発を妨げるための攻撃的な行動をとらなかった。

好機の数年間？

ただし、予防戦争についての議論がなかったというわけではなく、閉ざされたコミュニティのなかでは長らく議論があった。一部の人々は、米国が自身の優位を、言い換えれば米国最大の軍事的資産を無駄にしており、それは破滅的な結果につながりうる選択だと主張した。一九四七年の暮れ、ジェームズ・フォレスタルは、米国が核を独占していられる残りの期間は、それがどれだけ長く続くかはともかく、西側にとっての「好機の数年間」であると記した。一九四六年の一月には、マンハッタン計画の司令官であったレスリー・グローヴスが、次のように思案している。「もし我々が無慈悲なほどに現実的ならば、我々と固く同盟しているわけではない国々が（中略）核兵器を作り、持つことを決して許さないだろう。もしそうした国家が核兵器を作り始めたならば、我々は、それが我々を脅《おびや》かすものになる前に、その国の核兵器製造能力を破壊する」。しかし、米政府は決して、予防戦争の戦略を履行する寸前に至ることはなく、最も有力な政府当局者らのあいだでは、そのアイデアは支持されなかった。

米政府のなかでは、核を持ったソ連の行動を危険視する向きがきわめて強く、さまざまな対処法が論じられた。予防戦争に関する議論は論争的ではあったものの、それなりの合理性を有しており、とくに一九四〇年代末から一九五〇年代初頭はそうであった。しかし、水爆と長距離弾道ミサイルがもたらした熱核革命のなかで、その合理性は急速に消えていった。

米国民はと言えば、予防戦争のアイデアに対してはきわめて冷淡なままであり、一九五〇年代初頭のさまざまな世論調査では、ソ連に対する予防戦争への支持は一〇〜一五パーセントで一定していた。しかし、スターリンのソ連が大規模な核戦力を構築する前に戦争を仕掛けるという考えは、公にはされなくとも、ワシントンの当局者らのあいだではかなり幅広く支持されており、モスクワはそれを知っていた。

空軍とランド研究所は予防戦争のアイデアの牙城となり、ほかのコミュニティでそれが排除された後も、長いあいだ、予防戦争への支持が強かった。だが、一九四〇年代の終わりから一九五〇年代の初頭、おそらくはまだ機会の窓が開いていたころ、予防戦争への支持は思わぬ方向からも提起されていた。著名な原子科学者であったレオ・シラードは、一九四五年一〇月にはすでに予防戦争を提唱していたといわれる。国務省のジョージ・ケナンと、同僚のロシア専門家チャールズ・ボーレンは、いずれも冷戦期の軍事政策の観点で比較的穏健派であるが、予防戦争の論理を説得力あるものと見ていた。

そうした主張が日の目を見なかったのには数多くの理由があった。まず、国家の性質の問題がある。米国は、自分から戦争を始めるという習慣がない。パールハーバーでは奇襲攻撃を受ける側にまわったことで、米国の政策決定者、そして米国民も、米国の外交政策［の道徳的優位性］を高い水準に保った。米国は長らく、予防的軍事行動をとる権利を留保してきたが、実際にそれを行うとなれば、前提として、戦争を開始することは国際場裡《じょうり》での最善の振る舞いではないという国家としての根強い信念を、乗り越える必要があったのである。

だがより重要なこととして、ソ連に対する予防戦争が本当に成功するのかについても、疑念が存在していた。戦後の動員解除は米国の軍事力を深刻に制約し、西欧同盟国もそこに有意な軍事的貢献ができるような状況にはなかった。スターリンが、自身の「抑止力」として大規模なまま維持していた赤軍は、大きな障害に直面することなく、イギリス海峡まで進撃することができたであろう。これは二つの問いを提起した。効果的な予防戦争には、原子爆弾での空爆以上のものが必要なのではないか。そして米国は、ロシアの中枢を占領するために、陸軍を送らねばならないのではないか。厳然たる事実として、米国は共産主義の核の出現を防ぐための対ソ予防戦争を行うことが可能ではなく、行いたくもなかった。

2　水素爆弾の登場

熱核兵器開発の決定

ソ連が米国の核独占を恐れていないことは、明らかであった。そして独占が破られたいま、ソ連はさらに危険な存在になると確信する向きが多かった。インテリジェンス・コミュニティを含め、事情に精通した者たちは、ソ連が使用可能な核兵器を蓄積するのにはまだ時間がかかると認識していた。一九五〇年までに、ソ連は概ね五個の核兵器を保有していたのに対し、米国は三六九個であった。米国には、二つの道がありえた。一つは、この機を捉えて、二国間の軍縮を推し進めること。ソ連はこれ以前に、米国が核兵器を保有しつづける一方で、ソ連自身は核能力を開発する権利を放棄することへの懸念から、初期の国際的な核兵器の管理にかかわる試みを頓挫させていたが、今や米ソが揃って核兵器を手にしたことで、事実上、双方がともに犠牲を払う構図があった。もう一つは、ソ連との全面的な競合と軍拡競争に従事することである。米政権は結局、後者を選び、それにはさまざまな理由があったが、そのほとんどは、冷戦思考に由来していた。これが分水嶺であった。

それにもかかわらず、政府内のタカ派は、自身のアジェンダを推しつづけた。ジェームズ・フォレスタルは長らく、トルーマン大統領が課した厳しい予算上限によって、「十分ではなく、最低限の戦略」を余儀なくされているとこぼしていた。後任のルイス・ジョンソンは、信条的には財政緊縮志向であり、予算面での大統領の指示に対して明確に異議を唱えることはなかった。ただ、対ソ冷戦での一連の挫折——とくにソ連の核実験と、毛沢東率いる中国共産党の勝利という一九四九年の二つの出来事——は、トルーマンにとっての政治的圧力となって、国防支出の見直しと、それに沿う形での戦略の再検討を促した。このプロセスが終わるころ、国防支出は一九五二会計年度に前年度比四五一パーセント増大し、国防総省の総人員は一九五一年の二二〇万人から五〇〇万人近くにまで膨れ上がった。

一九四九年暮れから一九五〇年の初め、国防・科学コミュニティでは、ある新世代の兵器の開発を進めるべきか否かをめぐって、高度に秘密裡の議論が行われた。この新兵器は、水素原子を用いるが、原子爆弾とは異なり、それが分裂するのではなく、融合する際に生じるエネルギーを利用するものであった。この兵器は、水素爆弾、熱核爆弾、もしくは単純に核爆弾など、さまざまな呼び方をされたが、非公式には「超爆弾」と名づけられた。それは、原子爆弾すらしのぐこの爆弾の破壊力にちなんだものであった。この兵器の予備的な研究は、マンハッタン計画のなかでエドワード・テラー率いる科学者らのチームが行っていた。ただ、すぐに成功する見込みがなかったこと、さらには戦後の経済状況による軍事予算縮減を受け、研究は停止されていた。テラーは理論的なデータに基づき、水素爆弾の威力は広島型原子爆弾の数百倍あり、数百平方マイルを壊滅させ、さらに遠くまで放射線を拡散させると予測していた。

議論の中心となったのは、そうした兵器の必要性、それを作ることの道徳的問題、そしてその開発がソ連との関係に与える影響であった。議論は険悪な雰囲気を生み、やがて政策決定者のあいだだけでなく、原子科学者らのなかにさえ、意見の分断が生じた。一九五〇年一月、トルーマンは、水爆開発の支持者で今や国務長官となったディーン・アチソンらの一行を迎えた。わずか七分間の面会ののち、トルーマンは水爆の研究を前に進めることを決定した。当時、水爆が現実に作れるものなのかに関する確証もなく、多くの科学者たちが不可能だと述べていたにもかかわらず、である。ジェームズ・コナントや、マンハッタン計画でロスアラモスのチームを主導したロバート・オッペンハイマーらを含む多くの人々は、水爆開発は不要だと主張した。アルバート・アインシュタインさえも、水爆開発に反対の声を上げた。「現在の軍事技術の水準に鑑みれば、国家の軍備を通じて安全を達成できるという考えは、破滅的な幻想である……米国とソ連の軍備競争は、本来は予防的な措置であったとしても、ヒステリックな性質を帯びることになる」。

原子力委員会の諮問委員会は、水爆は大量殺戮《さつりく》以外の用途にはほとんど適さないと強調した。この兵器の使用は、無数の人命の損失をもたらすもので、軍用・準軍用の物理的な施設を選択的に破壊するために用いうるものではない。それゆえその使用は、民間人の大量殺戮という政策を、原子爆弾以上に拡大することになる。

水爆の開発を指示したことを発表したトルーマンの声明は、舞台裏での最高機密レベルの議論の展開をまったく裏切らないものであった。簡潔で多くを語らない、かつ核兵器の国際的な管理拡大を求めるお決まりのフレーズを含んだ声明で、トルーマンは次のように述べた。

我が国が、いかなる潜在的侵略者からも自国を守れるようにしておくことは、米軍の最高司令官としての私の責任の範疇である。したがって、原子力委員会に対し、いわゆる水素爆弾、超爆弾と呼ばれるものを含め、あらゆる形態の核兵器に関する作業を継続するよう命じた。これらは、核兵器分野でのあらゆる作業と同様、現在も今後も、平和と安全を志向する我が国のプログラムの総合的な目標に沿ったかたちで進められる。

それは、熱核革命とそれに続く軍拡競争への道を開く、重大な決定であった。

状況が切迫しているという感覚が、迅速な行動を余儀なくさせた。トルーマンの発表から数週間後、統合参謀本部に後押しされた国防長官ルイス・ジョンソンは、「水素爆弾とその生産・運搬手段の総力を挙げた開発をただちに履行すること」を要請した。一九五〇年三月初頭までに、熱核兵器プログラムは「最高次の緊急性をもって進められるべきもの」にまで押し上げられた。

水爆の開発を承認したのと同じ日、トルーマンはアチソンとルイス・ジョンソンに対し、まだ萌芽期にあるソ連の核能力と、直近の冷戦の展開に照らしたソ連の脅威について、再評価するよう指示した。ケナンの後任の国務省政策企画室長となったポール・H・ニッツェの指示のもと、国務・国防総省当局者らのグループが国家安全保障戦略に関する包括的なステートメントをまとめ、一九五〇年四月初めに大統領に提出した。国家安全保障会議報告第六八号（NSC68）「国家安全保障に関する米国の目標と計画」という政府内の名称で知られるこの文書は、意図的に警鐘を鳴らすような内容になっており、それに沿った大規模なリソースの構築と、戦略の強硬化を正当化するものであった。切迫したトーンと、率直かつタカ派的な政策上の処方箋を伴っていたこの文書は、政策的方向性の転換を反映していたが、その内容は、多くのワシントンの政策決定者たちのなかでしばらくのあいだ醸成されてきていた雰囲気が表出したものであった。

NSC68は、本質的には、「大量破壊兵器」（政策文書でこの用語が導入されたのは初めてである）の問題に関するものである。ここでは、「向こう四年間でのソ連の能力の伸張は、ソ連が先制攻撃を行い、かつ米国が現在計画しているものよりも有効なかたちでの対応を講じられないことを前提とすると、米国の国家中枢に深刻な損害を与えられるだけの水準に達するだろう」としている。さらにNSC68は、いったんソ連が「米国に奇襲攻撃をかけ、米国の核の優位を無に帰し、軍事的な状況を決定的に自国有利へと傾けられる核能力を獲得すれば、クレムリンは迅速かつ隠密裡に、そうした攻撃を実施する誘惑に駆られるだろう」とも警告した。ニッツェらは、こうした状況と、国際的な原子力の管理が成立する見込みがほとんどないことに鑑み、米国には、原子爆弾、そしてもし可能ならば、水爆の面での能力増強を可能なかぎり速やかに行う以外、ほとんど選択肢はないとしたのである。核兵器の数は速やかに増強され、水爆の開発は大幅に加速されるべき、ということになった。

NSC68はまた、「漸次的な侵略」の危険、すなわちソ連が直接の軍事的紛争に訴えることなく、米国の利益を脅かしうるという点にも警鐘を鳴らした。米国自身が直接攻撃されないかぎり核兵器を使うことに消極的な米政府の姿勢につけ込み、ソ連はほかの、より迂遠な手段で軍事的な脅威を提起することが考えられ、それによって米国の国防政策を機能不全に追い込み、核兵器が持ち得たであろう限定的な抑止効果を回避しようとする可能性があった。NSC68に関する政権内の議論のさなか、一九五〇年六月二五日に北朝鮮軍が韓国へと侵攻したことは、多くの意味で新しい挑戦であった。それは、既存の西側の戦略が予測していた展開ではなかった。レイモン・アロンの言葉を借りれば、「朝鮮戦争は世界の指導者たちに、この世には、モデルが予想するよりも多くのことが起きるということを教えた」のである。ソ連の通常戦力面での優勢と、さらにその初期的な核能力（おそらくは原子爆弾だが、ひょっとしたら水爆もあるかもしれない）が合わさって、国防政策担当者らにとっての深刻な課題を提起した。結果として、これが米国の国家安全保障上の前提に関する包括的な再検討を呼び、ＮＳＣ68を奉じるべきとの主張に説得力を与えたようであった。

理論の領域を越えて

この決定は、核兵器開発と核政策にただちに大きな影響を与えた。核戦力には新たな重点分野が加わり、米国の科学技術はより小さく安価な核弾頭の製造に取り組むことになり、その結果、米陸軍が数千の戦術核兵器を戦場に配備することが可能になった。核の研究開発は、各軍種が自身の分け前を求めたことで勢いづいた。一九五〇年代、陸軍は中距離の地上発射型弾道ミサイルに注力し、海軍はまず空母から運用する核爆撃機に、次いで核弾頭を積んだ［ミサイルを運搬できる］原子力潜水艦に力点を置いた。ただこの時期、米国の戦略戦力の中核は、戦略空軍の爆撃機であり続けた。さらに重要なことには、水爆開発プロジェクトの作業が加速され、米国は一九五二年一〇月三一日に、太平洋で初の熱核装置を爆発させた。

この爆発は、核開発でソ連に対する優位を維持しようとするトルーマン政権の途方もない努力が頂点を迎えた瞬間であり、抑止の観点からも分水嶺となった。熱核革命の開始が現実のものとなり、政策決定者らは、この新技術の破壊力の大きさを把握しようと奮闘した。エドワード・テラーは一九四七年に、この新兵器は約七八〇〇～一〇〇〇〇平方キロメートルの範囲を壊滅させうるもので、放射線はそれ以上に拡散すると予測していた。軍事戦略の観点では、そうした地理的範囲は明らかに兵器そのものの性質を変革するものであった。だが、そうした兵器が、戦争と平和の性質自体を変えるものだということが理解されるまで、そう長くはかからなかった。チャーチルが述べたように、「原子爆弾は、多大な恐怖を伴うものではあったが、思索のうえでも行動のうえでも、平時においても戦時においても、我々を人の手の届かないところ、統制不可能な事態へと至らせるものではなかった。しかし、水爆の登場によって、人の世の事象の基盤そのものに革命的な変化が起きた。」

こうして戦略的な兵器と勝利のあいだの心理的なギャップがより大きくなったという認識は、その後少なくとも約一五年間にわたり、戦略的な思索の焦点をはっきりさせる方向に作用した。他方で米国の政策決定者らは、より実際的なレベルで、熱核革命がもたらした帰結に取り組むことを余儀なくされた。歴戦の戦争指導者であったアイゼンハワーは、使用可能な熱核兵器の登場をもって、「戦争はもはや、いっさいの論理を失った」と宣言した。これを立証するように、わずか一年足らずのうち、一九五三年八月一二日に、ソ連が最初の熱核装置を爆発させるのに成功した。もっとも、それは米国のものと比べて限定的な爆発で、約二五分の一の出力ではあったが。一九五五年一一月、ソ連は一・六メガトンの破壊力を持つ水爆を航空機から投下する実験に成功した。

英国は、一九五二年一〇月三日、豪州沖のモントベッロ諸島近くでの実験成功によって核クラブ入りしたのち、一九五七年五月一五日、二〇〇〜三〇〇キロトンの水爆を太平洋のクリスマス諸島で爆発させ、熱核クラブ入りを果たす。シャルル・ドゴールの絶え間ない指導のもと、フランスは一九六〇年にアルジェリアのサハラ砂漠で実験を行い核打撃力を獲得、一九六八年には南太平洋のファンガタウファ環礁で熱核実験を行った。中国は、両超大国への恐怖とインドへの意識から一九六四年に核クラブ入りし、一九六七年にはロプノール実験場での実験によって熱核クラブ入りした。

一九六〇年代には、フランスの原子爆弾の「父」と呼ばれ、ディモナ原子力研究施設を作ったフランシス・ペリンの初期指導のもと、イスラエルが六番目の核能力を持つ国家となった。ただし、イスラエル政府はこれを否定している。インドとパキスタンは、南アジアにおける彼らの対立関係を意識し、前者は一九七四年に七番目の、パキスタンは一九九八年に八番目の核保有国となった。そして、二〇〇六年一〇月、北朝鮮が核クラブに加わった。

一九七〇年代、南アフリカの原子力委員会が、核兵器開発プログラムを立ち上げた。概ね公開情報に依拠するかたちで、彼らはウラン濃縮を実施した。一九七七年八月、ソ連の衛星が、南アフリカによるカラハリ砂漠での核実験準備を発見したが、米国、ソ連、フランスの圧力を受け、実験の計画は一九八二年まで棚上げされた。その一九八二年ごろまでには、最初の完全な核装置が開発されていた。その後、きわめて国内的な事情から、南アフリカは核兵器プログラムを停止し、一九八九年には関連施設を廃棄したと見られている。その二年後、南アフリカは核不拡散条約に加盟した。

原子力への反対運動は、最初の原子爆弾が作られた直後には生まれていたものの、大きな反核運動が出現したのは、一九五〇年代になってからであった。一九五四年三月、ビキニ環礁での米国の水爆実験により初めて、世界は放射性降下物への危機意識を大きく高めた。この実験の降下物は、マーシャル諸島の住民や、不幸にも居合わせた日本の漁船、第五福竜丸に降り注いだ。直後に、少数のロンドンの主婦らが、米政府に対して核実験停止を求める運動を開始し、これがその四〇年後には包括的核実験禁止条約へとつながる、核実験禁止運動の始まりとなった。当初の抗議運動は、のちに「核軍縮キャンペーン（NCND）」というグループになり、英国の哲学者・数学者であったバートランド・ラッセルがその精神的支柱となった。戦争にもはや合理性がないのならば、それは核兵器のさらなる実験も同様であった。

第5章　核抑止と軍備管理

一九七〇年代の終わり、エリザベス女王が、核兵器の「途方もない破壊力が、過去三五年間にわたり、世界を大規模戦争から守ってきた」と述べたが、これは冷戦期のほとんどの政治家らが抱いていた、そしていずれ多くの学者らが抱くことになる見解を反映したものであった。のちに歴史家のジョン・ルイス・ギャディスは、米ソ間の直接の大規模衝突がなかったことをもって、四五年間の冷戦を「長い平和」とみなした。ギャディスはこれを、前例のない成果であると主張し、「これ以前は、きわめて数少ない例外を除けば、兵器の進歩は、人々の戦争への性向を減じることなく、ただ戦争のコストを増大させてきた」と述べた。この意味で、核革命とは大地震によく似ていた。一連の衝撃波を発し、それが徐々に、政治システムを伝っていったのである。

ただ、この見方に誰しもが同意したわけではなかった。核兵器は平和の維持に「本質的には無関係」との見方もあった。いわく、核兵器という新たな破壊装置がなかろうとも、合理的な政治指導者にとって、世界戦争はもはやコストが高すぎて戦い得ないものになったためであった。元国務省のレイモンド・ガーソフは、両超大国が核兵器を持っていたことが、彼らに「抑制と抑止の効果」を及ぼしたことは疑いないと認める。しかし彼は、核兵器がなかったとしても、「米国もソ連も、相手方を攻撃することはなかったであろうし、それよりは確かでないものの、おそらく米ソいずれの側も、超大国間の全面戦争を招きうるような挑発的な軍事行動を取ろうとはしなかっただろう」と結論づけている。

核兵器の破壊力によって、超大国間の相対的に平和な状態が維持されたという一般的な命題に関して、見解が完全に収斂《しゅうれん》する見込みはほとんどない。ただ、重要な但し書きが付けられるべきであろう。たとえば一九八五年には、NATO事務総長であったキャリントン卿が、抑止に関する彼の考えを述べている。「私は、それが機能してきたとは信じない。だが、私はそれが機能したと知っている。過去四〇年にわたり、戦争はなかった……現時点で、ほかに世界の平和を維持する方法はない」。彼がここで言っているのは、核戦争が起きていないということである。非核保有国は引き続き、自由に通常戦争に従事していたし、より制約のかかったかたちではあったが、核保有国もそうだった。

通常兵器によって戦われる戦争は冷戦期においても珍しいものではなく、非核保有国はほとんど制約なしにそれを遂行することができた。核保有国は限定通常戦争を戦い得たが、核保有国どうしで戦うことは避けた。冷戦期の紛争に関する事例研究が示唆するのは、二つの鉄の不文律である。

第一に、いかなる核保有国も、ほかの核保有国に対して軍事力を用いない。第二に、非核保有国に対して軍事力を用いる核保有国は、核兵器を使用しない。さらに、米国が朝鮮戦争やベトナム戦争で気づいたように、核兵器を保有しているからといって、その核保有国の従属国に対して別の非核保有国が戦争を仕掛けることは、必ずしも抑止されなかった。

1　核兵器をめぐる理論と戦略

核抑止の発展

核時代の最初の十年が過ぎて初めて、核兵器の危険性とそれに関する認識が、抑止の概念を発展させ、冷戦の手詰まりを生じさせるまでに至った。『原子力科学者会報』(*Bulletin of the Atomic Scientists*)の編集者であるユージン・ラビノヴィッチは、「抑止の時代」が誕生した年として一九六五年を選び、それを「抑止元年」と呼んだ。その後、代わりに一九五四年や一九五五年、一九五七年を挙げる向きも出てきた。一九八七年の『ランダムハウス辞典』は、一九五五年を抑止が登場した年としており、核抑止の定義として、「いかなる国家も報復を恐れて攻撃を仕掛けようと思わないような、国家の間の核兵器の分布」と定義している。この種の膠着《こうちゃく》状態は、ウィンストン・チャーチルによって有名になった「恐怖の均衡」というフレーズでも知られるが、これは広く消費されるには幾分直截《ちょくせつ》的に過ぎ、「抑止」という言葉のほうが、より容易に受け入れられるものであった。

ボックス1　兵器開発の段階

研究開発（R&D）	概念や基礎的な技術が模索される期間で、一〜二年から一〇年超を要することもある。
技術・製造実証（EMD）	あるシステムの製造・組み立てを行うための工業プロセスを設計・開発するもので、五年かそれ以上を要する。
開発試験	R&DとEMDの段階を通して行われるもので、新たなシステムの強みと弱みを把握し、これらの技術を軍事的な環境に応用することを目的とする。
運用試験	生産段階にある装備を、現実的な作戦環境、たとえば夜間や悪天候、現実的な対抗措置などに照らすかたちで行われる試験。
生　産	当初の生産量は通常少なく、運用試験が成功したあとで、当該システムは「フルレートでの生産」に入る。
配　備	大規模ないし小規模なかたちで、新しいシステムを軍部隊に配置し、もし開発段階で、戦術や技術、そのシステムの使用に関する手続きの開発・向上が為されていない場合、それを行う。

Philip E. Coyle, *Arms Control Today*, 32 (May 2002): 5

熱核装置（水爆）の登場と、核弾頭を搭載した長距離弾道ミサイルが一九五〇年代末までに導入されたことで、核抑止の概念はかなり幅広く受け入れられるようになった。一九六〇年代に核戦力が拡大するなか、「抑止政策」や「抑止戦略」は、「核政策」（これ自体、「核兵器政策」の短縮版であるが）の婉曲表現として用いられた。そして戦略理論家らは徐々に、核の均衡や核抑止の概念に、「信頼性ある」「有効な」「安定的な」「相互の」といった言葉を結びつけていった。

これらの理論家は、拡大する核戦力の実使用のかたちとしてどのようなものが考えられるかについても思索を重ねた。「第一撃」は、ある国家が敵対国を圧倒し、勝利を達成できるだけの核戦力を保有していると考えたときに生じうるものとされた。他方、これと密接に関連した「先制攻撃」は、ある国家が、敵対国が第一撃の用意をしていると予期したときに核攻撃を行うものとされた。「報復攻撃」ないし「第二撃」能力は、第一撃を吸収し、それでも相手国に耐え難い損害を与えるに足る、あるいは少なくともそれが望みうるだけの能力を指すものとされた。

だが、政策決定者や大衆は、戦略をそうした純然たるかたちで捉えることはほとんどなかった。それゆえ抑止は、軍事戦略・政策として立ち現れることはなく、単純に政治的現実として認知されたのである。一九六〇年代末までに、米ソ両政府はいずれも、それぞれの軍が、核の第一撃を受けたあとでも報復攻撃を行い得るだけの核戦力を保持していると考えるようになった。事ここに至り、米ソの公式の政策がどうあれ、現実としての相互抑止が成立した。

抑止が徐々に相互的なものになっていった一方で、冷戦初期の時点で、両超大国の認識と政策は食い違っていた。それぞれの社会経済システムが、イデオロギー・地政学・経済・政治面で異なる野心に根差していたことで、相手方の企図や意図に関して深刻な懸念が生まれた。ストローブ・タルボットは、タイム誌のインタビューで次のように嘆いている。「四〇年超にわたり、西側の政策は、ソ連が望めば何を為しうるのか、それゆえ何をすると予想されるのか、そして西側は対抗して何に備えなければならないのかに関して、異様なまでに誇張された認識に立脚してきた」。これはソ連の能力に関する、あまりに誇張された最悪事態想定へとつながった。同時に、ミリタリズムが米国人の生活のなかへ徐々に入り込んだことで、憂慮すべき変化が生じはじめた。すなわち、建国以来米国社会を特徴づけてきた、武力や軍隊に対する懐疑的な姿勢が、消失しはじめたのである。政治指導者らは、リベラルと保守とを問わず、軍事的な力に引きつけられるようになった。ソ連の駐米大使であったアナトリー・ドブルイニンは回顧録のなかで、ソ連の冷戦政策もまた、非合理的なまでにイデオロギーによって支配されており、それが対立を生み続けたと認めている。ミハイル・ゴルバチョフはのちに、両超大国はイデオロギーの神話に魅せられていたのだと断じた。

これらのイデオロギー的・政治的な緊張を受けて、核戦争を回避するために米ソがそれぞれ取った戦略は相異なるものであった。米国は戦争の防止という問題に、ほとんど軍事的な能力の観点からのみ取り組んだ。ソ連はと言えば、主として政治的な動機・意図の観点から戦争防止に取り組んだ。このフォーカスの違いは、それぞれの軍事ドクトリンと戦力に重要な影響を及ぼした。

米国の指導者たちは、冷戦期を通して、究極的には矛盾を抱えた核戦略を追求した。たとえばトルーマンは、一方では、核兵器が民主主義世界の防衛に不可欠の役割を果たしていると確信していながら、他方では、核兵器が使われる戦争が生じれば、米国と近代文明が破壊される可能性がきわめて高いと恐れてもいた。一九五三年一月の離任演説で、トルーマンは「核戦争を始めるということは、理性的な人間にとっておよそ考えられないことだ」と宣言している。彼がのちに語ったところでは、これは「核戦争が民間人に影響を与え、彼らをまとめて殺戮《さつりく》するものだからだ」という。ドワイト・アイゼンハワー大統領も、熱核兵器を使用するような戦争を「ばかげた」ものだと見るようになる。ただ、トルーマン以降歴代のどの政権においても、核戦争は「考えられないもの」であることが認知されながらも、米国の政治指導者や軍司令官らは、彼らのより限定的な政治的目標を前進させられる核戦力を追求しつづけたのである。

トルーマン政権は、ソ連の支配と影響力の直接的・間接的拡大を防ぎ、いずれは押し戻していくために新たに構想された封じ込め政策を、抑止のアイデアと結び付けようとした。この政権の基本戦略としての封じ込めは、「ソ連の力のさらなる拡張を食い止める」だけでなく、「戦争に至らないあらゆる手段で」、「ソ連の世界支配追求を押し止め、押し戻していくために、ソ連の支配と影響力の撤回を誘発させる」というものであった。米国がそこで望んだのは、自身の核独占により、抑止の論理（米国への核攻撃を防ぐこと）が、強要（ソ連を東欧から撤退させる）の可能性までをも含むものに広がることであった。

広島の破壊がソ連に対してもたらした抑止効果はほとんどなかった。それでもスターリンはこれを受けて、力の均衡を維持するために、ソ連自身が核兵器を保有すべきと主張するようになった。そして、スターリンはソ連の東欧への拡張を、西側とは異なるかたちで解釈していた。スターリンにとってそれは、将来のドイツの野心に対する障壁を作ることであり、同時にロシアの歴史的境界を再構築することであった。

冷戦初期において、米国が「核の強要」、すなわち「核の威嚇《いかく》を梃《てこ》にした」現状の変更を試みた例がいくつかある。トルーマンは回顧録において、米国の核独占が、ソ連を一九四六年三月に北アゼルバイジャンから撤退させるうえでの梃になったと主張している。だが、その後の文書は、ソ連が米国の威嚇で動かされたわけではないことを示唆している。

一九五三〜一九五五年の危機の期間に為された非公開の議論において、ドワイト・アイゼンハワー大統領は、核兵器の使用は「考えられないことでもないし、「核戦争は」勝利不可能なものでもない」と主張した。朝鮮戦争の休戦協定やインドシナ問題、台湾沖合の島嶼《とうしょ》の問題にかかわる懸案を解決するため、通常・核戦力を使用することを厭《いと》わないと示唆した時、アイゼンハワーは、ソ連は米国の優勢な核戦力に直面するリスクを冒してまで、中国を助けるために介入したり、ローカルな紛争をエスカレートさせたりはしないと考えた。「出費に見合った価値」の追求を掲げたアイゼンハワーは、陸海軍の予算を削減する一方、戦略空軍と米国の核戦力の増強により多くの資源を充当する、「ニュールック」プログラムを開始した。

一九五四年のタイム誌に掲載された、ジョン・フォスター・ダレス国務長官の悪名高いエッセイ「大胆な政策」は、この政権の「核強要」の試みを、より強く反映したものであった。彼は、地域の同盟国は「大規模な報復力」によって支援されねばならないと主張した。「侵略を抑止する方法は、自由陣営が、我々の選ぶ場所と手段で、強力に反撃するだけの意思と能力を備えることにある」。これらの威嚇が、ソ連や中国の意思決定に影響を及ぼしたのかは定かではない。ただ、インドシナのような地域的対立の大部分において、主要な共産主義体制が有する影響はあまり大きくないと指摘していた、外交政策コミュニティの多くの人々を狼狽させたことは確かであった。

その後、三つの事態が米国民の警戒を呼び、アイゼンハワーの国防政策にとっての課題となった。一九五五年一一月二二日、ソ連は水爆を爆発させ、アイゼンハワー政権は驚嘆した。ソ連は一九五七年八月には大陸間弾道ミサイル実験を行い、同年一〇月には初の人工衛星スプートニク一号を打ち上げ、世界を震撼させた。大衆の不安を受けて、アイゼンハワーは、米国の脆弱《ぜいじゃく》性を検討することを目的とした、ローワン・ゲイザーを首班とする委員会を設置した。「核時代における抑止と生存」と題されたゲイザー委員会の報告書は、一九五七年一一月七日に発出された。この報告書は、ソ連が一年以内に一二程度の運用可能な大陸間弾道ミサイルを保有するであろうこと、他方米国のキャッチアップには二、三年を要し、結果「ミサイル・ギャップ」が生じること（ジョン・F・ケネディ大統領はすぐに、米国ではなくソ連こそが「ギャップ」に直面していると知ることになるのであるが）を提起したのである。

一九五八年の七月、アイゼンハワーは二つの警戒すべきシナリオについて説明を受けた。第一に、米連邦政府を「消滅」させ、国家の経済を破壊するようなソ連の核攻撃。第二に、ソ連が米戦略空軍の全基地を破壊し、さらに米国家に大損害を与える事態。米国の報復で、ソ連は米国が被るものの三倍の損害を受けるが、米国側の損失は、一億七八〇〇万ほどの人口の六五パーセント近くに達するということであった。これに愕然としたアイゼンハワーの見解は劇的に変わった。彼は、全面戦争において勝者はおらず、熱核兵器は抑止以外に用い得ないと結論づけたのである。

相互確証破壊（MAD）

大量報復の政策は、一九六七年九月、正式に置き換えられることになる。これは、ソ連の核戦力の増強が、米国とのパリティの水準に近づいており、それゆえ「確証破壊」（MADという略語につなげるため、批評家のドナルド・ブレナンがこれに「相互の（mutual）」を付けた）の状況が生まれつつあるという、国防長官ロバート・マクナマラの認識に基づいていた。MADの概念は、力による平和を奉じる米国の軍司令官らにはすんなりと受け入れられなかった。トーマス・パワー空軍大将は、一九六五年に、「抑止の第一の原則は、いかなる条件・状況下においても軍事的な勝利を達成するための、信頼性のある能力を維持することである」と記している。空軍大将カーティス・ルメイは怒りに駆られ、「今日追求されている抑止の哲学は、我々から軍の赤い血を奪っている」と主張した。

だがそれでも、彼らの予算がかかっていたことで、米軍は各軍種がそれぞれ核の面での役割を引き受ける枠組み（トライアド）を作り出した。空軍は戦略爆撃機と核弾頭を搭載した大陸間弾道ミサイル（ICBM）を、海軍は潜水艦発射型弾道ミサイル（SLBM）を、陸軍は中距離弾道ミサイル、核砲弾、核地雷、そして対ミサイル防衛を担った。少なくとも理論上、核のトライアドは、敵対国の第一撃によって自国の核戦力がすべて破壊される可能性を減少させ、第一撃を敢行した敵対

ボックス2　弾道ミサイルの基礎知識

弾道ミサイルは最大飛距離に沿って分類されており、その飛距離はミサイルのエンジンと弾頭の重量によって規定される。より飛距離を伸ばすためには、多段式と呼ばれる、ロケットの上にロケットを重ねる構造を用いる。弾道ミサイルには、一般的に四つの分類がある。

短距離弾道ミサイル	飛距離一〇〇〇キロメートル（約六二〇マイル）未満
準中距離弾道ミサイル	飛距離一〇〇〇～三〇〇〇キロメートル（約六二〇～一八六〇マイル）
中距離弾道ミサイル	飛距離三〇〇〇～五五〇〇キロメートル（一八六〇～三四一〇マイル）
大陸間弾道ミサイル（ＩＣＢＭ）	飛距離五五〇〇キロメートル超

短距離・準中距離弾道ミサイルは戦域弾道ミサイルとも呼ばれ*、ＩＣＢＭは戦略弾道ミサイルとも形容される。すべての弾道ミサイルは、その飛翔において三つの段階がある。

ブースト段階	発射時点から始まり、ロケットエンジンによる地表と逆方向への推進が停止するまでを指す。ミサイルにもよるが、三～五分程度である。この段階の大部分で、ミサイルの飛翔速度は比較的遅い。ただ、ＩＣＢＭの場合、ブースト段階の終わりに差し掛かると、毎時二万四〇〇〇キロメートル超に達することもある。ブースト段階では、ミサイルは一つのまとまりのままである。
ミッドコース段階	ロケットの推進が終わってから、標的に向けて弾道飛行する段階。ミサイルの飛翔プロセスのなかで一番長く、ＩＣＢＭでは二〇分にも達する。ミッドコース段階の早い時点では、ミサイルは依然飛翔軌道の頂点へ向けて上昇しているが、後半に入ると地球へ向けて降下する。ミサイルの弾頭やデコイが運搬手段から切り離されるのは、この段階である。
ターミナル段階	ミサイルの弾頭が大気圏に再突入した時点から始まり、標的への到達・爆発まで続く。この段階は、毎時三二〇〇キロメートルを超える速度で飛ぶ戦略弾頭の場合、一分にも満たない。

＊短距離・準中距離弾道ミサイルの場合、大気圏を出ない、またブースターと切り離される弾頭を持たないものがある。

Arms Control Today, 31- 4 (July/August 2002)

国に対し、破壊的な報復第二撃が行われることを確実にするものであった。

国防専門家や軍指導部はパリティや充分性といった概念を嫌い、核兵器を使用する方法と、戦力を拡張する根拠を模索した。彼らは短い期間、限定核戦争や「段階的抑止」、「実質的な同等」、警戒即発射、先制といった、核戦争遂行のアイデアを弄《もてあそ》んだが、それらは結局、打ち捨てられるだけに終わった。たとえばエコノミスト誌は、「段階的抑止」には二つの致命的な欠陥があるとした。第一に、「侵略の規模に対して段階化されることで、抑止はそれを成り立たせる効力そのものの一部を失う」。第二に、もし「抑止」が限定的なかたちで用いられるならば、自制それ自体が認知されなくなる。

ソ連の戦略

ソ連軍は一九五四年まで核兵器を与えられず、その後もしばらく、十分な運搬手段を持たなかったため、ソ連は核抑止には頼れなかった。それゆえ、戦争を回避するためのソ連のアプローチは、主として政治的なものであった。戦略・政策の本質として米国が抑止にフォーカスしたのとは対照的に、ソ連の歴代指導者たちはみな、戦争の回避を最優先とし、戦略や政策、イデオロギーさえも調整することで、核時代に対応したのである。

第二次世界大戦終結直後、スターリンは米英が武力による外征に乗り出すとは見ておらず、全面戦争を引き起こすことなしに、折に触れて西側の決意を試すことができると考えた。ただ、北朝鮮に南進を許したこと、そして西側にベルリンから撤退するよう圧力をかけたことには、計算違いがあった。それでも、これら［ソ連にとっての］核保有以前の時期において、ソ連の軍事計画は概ね防御的であったように見える。

スターリンの後継者らは、抑止を考慮に入れるようになった。一九五〇年代半ばからは理論的なレベルで、一九六〇年代半ばからは暫定的なものながら現実の能力の面で、そして一九七〇年代初頭か半ばからは［米国との］大まかなパリティの観点において、である。ソ連が水爆実験に成功したあと、ゲオルギー・マレンコフ首相はソ連の指導者として初めて、核戦争は世界の文明の終焉を意味すると警告した。彼の政敵であったニキータ・フルシチョフらは、マレンコフがアイゼンハワーの警告に倣ったことを非難したが、その後彼らも、マレンコフの後を継ぐと、同様のメッセージを発した。

一九五〇年代末から一九六〇年代初頭にかけて、ソ連は核兵器を脅しに用いようとしたが、この時期が、ソ連が最も相対的に弱かった時期であったことは逆説的である。一九五六年のスエズ危機から一九六二年一〇月のキューバ・ミサイル危機までのあいだ、フルシチョフはソ連の核能力に関してあまりにも実態とかけ離れた誇張をすることで、ソ連にとっての弱みであるはずのものを、抑止や政治的強要［の梃］に転化させようと試みた。フルシチョフがソ連のＭＲＢＭ（中距離弾道ミサイル）、ＩＲＢＭ（中距離弾道ミサイル）、戦術核兵器、そして核搭載可能な中距離爆撃機を、わずか数分で米本土の大部分に到達できるキューバへ秘密裡に配備すると決めた時、彼の念頭にあったのは、ソ連の抑止力を強化することであった。フルシチョフがこれを、攻撃的・防御的いずれのかたちで用いようと考えていたのかについては、今日でも学術的論争がある。

いったんそれらの兵器の配備が見つかると、ジョン・F・ケネディはキューバへの海上封鎖で応じ、ミサイルと爆撃機が撤去されないならば軍事行動をとると威嚇した。一週間にわたる膠着《こうちゃく》状態が続き、この間、米戦略空軍は滞空警戒を取り続けたが、ソ連指導部はミサイルの撤去に合意し、一ヵ月後には爆撃機の撤去にも同意した。この明白な失敗ののち、ソ連はわずかな核戦力で政治的な利益を得ようと試みるのをやめた。ソ連が真の意味での核戦力を構築していった一九六〇年代や一九七〇年代、そして米国とのパリティを保持した一九八〇年代でさえも、核抑止は強化されたが、ソ連は核のバランスを是正するために、現実の武力行使はもちろん、その威嚇を用いることさえなかった。

冷戦期のソ連（と米国）の戦争計画について、わずかながら明らかになっている点から見えてくるのは、ソ連軍が、もし抑止が失敗した場合には、「西側を」軍事的に打倒することを志向していた事実である。一九五五年、パーヴェル・ロトミストロフ元帥は、敵対国の差し迫った核攻撃が探知された場合の先制攻撃（この五年前、トルーマン政権が同様の概念を提唱していた）を支持し、ソ連側の報復戦力が敵対国の奇襲で毀損《きそん》されるのを防ぐための核ドクトリンの変革を推し進めた。彼が強調したのは、爆撃機の時代において、先制というアイデアは、奇襲や予防戦争を正当化する方便ではないということであった。「ソ連軍の責務は、敵対国による我が国への奇襲を許さず、かつ仮にそれが試みられる場合には、成功裡にその攻撃を排除するとともに、同時もしくは先制的奇襲のかたちで、敵に大打撃を与えることである」。

先制のドクトリンは、一九六〇年代末には攻撃下発射に置き換えられ、そしておそらく一九八〇年代までには、報復発射に置き換わった。ワシントンでは、冷戦期を通して、ソ連が実際のところ抑止のアイデアを受け入れる用意があるのか、それとも「防御的な」抑止を超えた意図をもって兵器や戦略を作っているのかについて、議論が続いた。だがソ連指導部は米国自身とは異なり、米国の抑止の概念を、穏当とも防御的とも見ていなかった。ソ連からすれば、それはむしろ攻撃的であり、強要・恫喝であった。

以上の抑止に関する検討は、ある疑問を提起する。［核兵器は］どれだけあれば足りるのか。一九八〇年代初頭、英労働党の「影の内閣」で外相を務めたデニス・ヒーリーは、ソ連の抑止には、現有の核弾頭の五パーセントのみで十分であり、残りの九五パーセントは、一般大衆を安心させるためだけにあると宣言した。一九九二年五月の『原子力科学者会報』（*Bulletin of the Atomic Scientists*）は、専門家らのグループに対して、核兵器の問題でいま何をすべきかを問うた。これに対して全員が、既存の核戦力の「大幅な削減」を求め、ほとんどの者は各国が「抑止に必要な最低限」のみを保有することに賛同した。望ましい保有数としては、一〇〇程度を挙げる声が多かった。潜在的な敵対国を抑止するという名目のもとで為された措置の多くが、実際のところ、友好国と同盟国、そして自国民を安心させるために為されていたことは、明らかであった。

2　軍備管理と核の安定

常識から言えば、軍拡競争とは、相容れない外交政策目標の衝突から生まれるもので、国際政治上の緊張緩和に伴い、消えていくはずである。だが、歴史に根差したはずのこの見方は、一九六〇年代、核弾頭を搭載した弾道ミサイルによって覆され、妥当性を失った。軍事力が外交政策を支えるのではなく、核兵器を管理することが、外交政策上の主要な目標となったのである。一九四五年以降の軍備管理交渉は、しばしば難解で進捗の乏しい議論として無視されてはきたが、実際は重要な、しかし見落とされがちな役割を担ってきた。冷戦のあいだ、軍備管理こそが米ソ関係の第一義的なチャネルとなり、緊張が高まったときでさえも、それは完全に歩みを止めることなく、何らかのかたちで続いたのである。

冷戦期に提唱された軍備管理・軍縮政策には、いくつかの目的があった。国家の安全を向上させること、軍事支出を減らすこと、国際世論に影響を与えること、国内の党派政治における優位を得ることである。だが両超大国が、多くの合意へと帰結した長期にわたる交渉に従事した最大の理由は、核時代において、安定的な国際環境を維持することにあった。

一九四六年六月、国連原子力委員会の船出に際し、バーナード・バルークが打ち出した核兵器［の国際管理の模索］にかかわる試みは、挫折したとはいえ（第3章参照）、その後四〇年間、数千とまではいかずとも数百回にわたり行われることになる、軍備管理措置に関する多国間・二国間協議の端緒となった。米国は以来、条約の遵守《じゅんしゅ》を検証するための侵入的な査察システムを要求していくが、ソ連はこれを合法化されたスパイ活動であると捉え、この問題は以降の軍備管理の試みを行き詰まらせる大きな要因となっていった。一部の批評家らはいみじくも、軍備管理交渉のなかで、検証をめぐる問題が過度に目立つようになってしまったと指摘してきた。彼らはまた、米国の要求は交渉を行き詰まらせるために意図的に為されたもので、他方で仮にソ連が同意したならば、諜報活動一般の機会を大きく拡大させることを可能にするものだったとも主張している。

部分的核実験禁止条約

一九五〇年代、大気圏内核実験に起因する放射性降下物が、世界中で核実験停止を求める動きを生んだ。このなかで、軍備管理の活動は、技術的指向性の目標へとシフトした。アイゼンハワー大統領は技術専門家らに検証システムの開発を依頼した。だが、これは予想もしなかった長期的な帰結を生むことになった。というのは、専門家はしばしば、ほとんど解決不可能なまでに問題を複雑化させるからである。技術専門家らは、地震とほぼすべての地下核爆発を区別できる技術を開発したのち、すでに相当程度に低くなっていたエラーの発生率をさらに低下させる手法を模索しつづけた。包括的な核実験の禁止に関する交渉ができなくなったのは、一切の欺瞞《ぎまん》が発生していないことを［検証側が］絶対的に確信できない点を反対派が問題視したためである。実際のところ、こうした技術的な詳細を過度に重視したことは、実験禁止の検証という問題をどんどん大きなものにした。地震学を熟知した米国の政治家らが求めた検証システムは、常にソ連にとっては到底受け入れがたいほどに侵入的なものであった。

アイゼンハワー政権期の軍備管理上の成果は、非公式の実験モラトリアムに留まったが、ジョン・F・ケネディは、包括的な核実験の禁止を交渉するという決意を持って、大統領に就任した。W・アヴェレル・ハリマン大使は、一九六三年七月にモスクワを訪問し、キューバ・ミサイル危機の解決によりもたらされたともいえる、核実験禁止条約の内容に関する交渉に臨んだ。彼はこの時、科学アドバイザーらを帯同したものの、軍備管理交渉は本質的に政治的な営みであると主張し、アドバイザーを意図的に交渉チームから外した。ハリマンがのちに語っているように「専門家らは、あらゆる困難や危険を指摘する……だが、政治的・心理的その他の利点がそうしたリスクを相殺するに足るものであるかを決めるのは、政治指導者である」。しかしこの頃までに、そうした「包括的な核実験禁止の」条約が達成不可能であることは明白になっていた。米上院が包括的な禁止条約を認めない姿勢を示していたことに加え、フルシチョフは何度も、現地査察の要件への反対を繰り返し、ソ連は決して「NATOのスパイに門戸を開くことはない」と述べていた。

ただ、フルシチョフは、限定的・部分的な実験禁止条約の締結には前向きであることを示唆していた。結果、ケネディ大統領自身が監督・指揮した一〇日間に及ぶ集中的な交渉の末、一九六三年七月二五日、モスクワで両国の交渉担当者らにより、大気圏内と宇宙空間および海中での核兵器の実験を禁止する部分的核実験禁止条約が署名されたのである。

戦略兵器制限交渉（ＳＡＬＴ）

一九六〇年代末、ソ連が戦略兵器の面で米国との大まかなパリティを達成した時、米国内の対ソ強硬派は米政府に対し、ソ連に対する軍事的優位を達成するための努力を加速させるよう求めた。一方、政府内外の軍備管理推進派は、米ソ両方が一時的な軍事的優位を獲得しようと躍起になるよりも、交渉を通じて軍拡競争に制限をかけるほうが長期的な安全保障につながると主張した。物理学者で外交官でもあったハーバート・ヨークは、「着実に軍事力を増加させることと、着実に国家安全保障を減退させることのディレンマが両国に突き付けた問題に、技術的な解決策はない」と主張した。必要なのは、政治的な解決策であった。

リチャード・ニクソンは一九六九年の就任演説で、すべての国家、とくに両超大国が「軍備の重荷を減らす」ことを追求し、同時に「平和の構造」を再活性化させる、「新しい交渉の時代」について語った。ニクソンの構想では、それを達成するための手段が、「リンケージ」政策でありデタントであった。ニクソンと彼の国家安全保障問題担当大統領補佐官であったヘンリー・キッシンジャーは、戦略軍備管理と貿易問題に関するソ連との協議において、従来の政権よりも大きく踏み込んだ譲歩をする用意があった。ただし、その見返りとして、ソ連がアフリカや中東、東南アジアで続いていた紛争の解決に助力することを期待してもいた。

一九六九年一一月、両超大国は攻撃的なもの（本質的にはＩＣＢＭとＳＬＢＭ）と防御的なもの、両方の戦略兵器システムに制限を課すことを焦点とする、二国間の交渉を開始した。この交渉は断続的に続き、二つの戦略兵器制限条約（ＳＡＬＴ ⅠとＳＡＬＴ Ⅱ）と中距離核戦力（ＩＮＦ）全廃条約（冷戦期において攻撃核兵器の数を実際に削減した唯一の条約）、そして最終的に一九九一年に締結される戦略兵器削減条約（ＳＴＡＲＴ Ⅰ）へと帰結していく。

一九七二年五月のＳＡＬＴ Ⅰ関連協定は、双方の弾道弾迎撃ミサイル（ＡＢＭ）展開地域を二ヵ所に限定するＡＢＭ制限条約と、戦略兵器システムに関する暫定協定（一九七二～七七年を期間とする）、および政治的な「両国関係の諸原則」合意から成っていた。暫定協定で設定された戦略兵器システムの上限は、実は当時の米ソの保有数を上回っていたが、それでも、将来の増強には制約がかけられることになった。ソ連のＡＢＭシステムを突破するため、米国は一九六七年に、多弾頭独立目標再突入体（ＭＩＲＶ）の開発を開始していた。これは、一基のミサイルの先端に、それぞれが異なる目標を打撃できる複数の弾頭を搭載するものである。交渉団はＳＡＬＴ交渉のあいだ、ＭＩＲＶ開発を停止させたかもしれないが、国防総省と議会の反対派らはキッシンジャーに対し、「ＭＩＲＶ禁止［という合意］を持ち帰ってくるな」と警告していた。だがこの三年後、ソ連が自身の強力なＭＩＲＶの配備に至ると、国防総省は一時的な優位のために近視眼的な主張をしたツケを払う羽目になった。ＭＩＲＶの配備は、双方のＩＣＢＭの脆弱性を増大させ、危機のさなかで先制攻撃の誘因を生むものであった。

「両国関係の諸原則」合意はソ連側が主導したもので、米政府は概ね無視したが、ソ連はこれを「重要な政治的宣言」と考えていた。ドブルイニンが回想しているように、ソ連はこの宣言が、自身が掲げる平和的共存の原則を認知し、「双方の安全保障の基礎としての対等性の原則」を認めたものであるがゆえに、「我々［米ソ］の間の緊張緩和《デタント》という新しい政治的プロセス」の基盤になることを望んだ。ソ連は、第三世界での「ささいな」問題はあれども、米ソは両国のあいだにある根本的な問題を解決するために協力できると信じていた。けれども米国の解釈では、デタントとは、ソ連、中国、キューバが、第三世界で「不干渉」政策を取ることであった。デタントは、その外縁を定められなかったことと、大衆からの支持を受けられなかったことで頓挫する。米国のタカ派は、ソ連とのいかなる関係改善の試みについても、決然と非難した。

一九七四年一一月、ジェラルド・フォード大統領とソ連のレオニード・ブレジネフ書記長はウラジオストクにおいて、双方のＩＣＢＭ、ＳＬＢＭ、長距離爆撃機の総数を二四〇〇とし、うち複数弾頭を搭載するものの総数を一三二〇に制限することに「原則的に」合意した。しかしそれでもＳＡＬＴ Ⅱ条約をまとめることはできなかった。ジミー・カーター大統領は、当初の試みに失敗したのち、最終的に一九七九年四月、七八ページから成るＳＡＬＴ Ⅱ条約に同意する。これは［前述の］いわゆるウラジオストク合意をほとんど踏襲したものであったが、空対地巡航ミサイルにも制限を課し、かつ質的な制限に関して膨大なリストを伴っていた。だがカーターは、その批准を推し進めることができなかった。

戦略兵器削減条約（START）と中距離核戦力（INF）全廃条約

ロナルド・レーガンは、ソ連指導者のミハイル・ゴルバチョフに面会するまで、決して軍備管理条約に賛成しなかった。彼は一九六三年の部分的核実験禁止条約、一九六八年の核不拡散条約、一九七二年のSALT IとABM条約に反対し、SALT IIを「致命的な欠陥がある」と非難した。さらにレーガンは、就任から比較的早い段階で、包括的な核実験禁止のための条約交渉を打ち切り、一九八六年五月には、「発効していなかった」SALT IIの内容の遵守も放棄した。レーガンの擁護者らが言うところとは異なり、レーガン政権期における軍備管理の成功は、ゴルバチョフの譲歩あってこそのものだったのである。

一九八二年五月、レーガンは戦略兵器の「現実的な（practical）段階的削減」に向けた計画を公表した。初期段階のSTART Iの案は、大衆の歓迎を呼ぶものではあっても、専門家からは交渉できるはずがないものという烙印を押されていた。この案がソ連に対し、同国の戦略兵器のうち最も優れたものを廃棄するよう求めるものであった一方で、米国はミニットマン・ミサイルの大部分を維持し、一〇〇基の新型MXミサイルと新型巡航ミサイルを配備し、潜水艦と爆撃機を近代化させていたのである。その修正にかかわる試みは、以降の四年間、米政府内の関係機関のあいだで果てしない論争の種になり、ある国家安全保障会議高官は「我々のあいだで意見が合わないがために、たとえソ連が存在しなかったとしても、START条約は得られないだろう」と述べた。別の米政府高官も、たとえソ連が「我々のところにやってきて、［条約を］起草してくれ、我々はそれに署名する」と言ったとしても、我々は条約をまとめられない」とこぼしていた。

一九八四年一月、再選に向けた準備を始めた頃のレーガン大統領は、多面的なディレンマに直面していた。すなわち、いかにしてソ連との緊張を緩和し、内外の反核運動からの批判をかわし、他方で何としてもソ連の軍備管理合意違反を罰しようとする上院内のタカ派にどう融和するか、というものであった。CIA長官のウィリアム・ケーシーは、核反撃の手順を試行したNATOの「エイブル・アーチャー」演習について、ソ連の情報機関当局者たちが、実際の核攻撃の前兆ではないかと見て警戒を強めていたことをレーガンに伝えた。レーガンはソ連が本当に米国の攻撃を恐れているとは信じなかったが、一月一六日の演説で、軍備管理を通じた「戦争の、とくに核戦争のリスク」の低減に触れ、他方で既存条約におけるソ連の遵守状況や義務逃れに関する疑問にも言及した。レーガンが提起した、ソ連に対する和平の呼びかけと、それに続くソ連の欺瞞への批判は、一九八四年の大統領選挙において、この元カリフォルニア州知事に、民主党側が覆しがたい優位をもたらすカードとなったのである。

その後、一連の議会への報告のなかで、ソ連のさまざまな違反が指摘された（ソ連も、米国の義務逃れを指摘するリストを提示して応じた）が、その指摘のほとんどは、いわばグレーなものであった。ただ、そのなかに重大な違反が二つ含まれていた。一つは、ABM条約に違反する未完成のレーダーサイトの存在、そしてもう一つは、生物兵器禁止条約に違反する大規模な試験的生物兵器プロジェクト（発覚したのは概ね冷戦終結後）であった。

一九八六年一〇月のレイキャビク・サミットで、レーガンは一〇年以内にすべての弾道ミサイルを廃棄することを提案した。ゴルバチョフ書記長は即座に、米ソのすべての戦略核兵器を十年以内に廃棄することに加え、メディアが「スター・ウォーズ」と呼んだ、レーガンのミサイル防衛構想である戦略防衛イニシアティブ（第6章参照）を、向こう十年間、試験段階に留めることを提案して応じた。レーガンは「スター・ウォーズ」計画へのいかなる制限をも拒み、これらの劇的な軍縮の提案は放棄されたが、米国の軍指導部やNATO加盟国、そして何よりソ連軍指導部はそのことに大いに安堵した。

しかしながらレイキャビク・サミットでは、ゴルバチョフが現地査察に関する米国の要求に同意するという、大きなブレイクスルーが見られた。部分的核実験禁止条約、そしてSALT I関連協定でも、米国は自国の技術的手段による検証、すなわち衛星偵察や電子監視その他、米国自身の措置で完結できる情報収集技術を用いるかたちに落ち着いていた。レイキャビク・サミット以降は、むしろソ連の側が侵入的な査察を要求するようになった。他方、米国防総省と情報機関は、ソ連に米国の軍事施設をうろつかれるのは望ましくないとの認識に至り、二の足を踏むようになった。国防長官フランク・カールッチが認めたように、「検証は、我々が予想していたよりも複雑なものになった。裏を返せば、それは我々にも適用されるのである。考えれば考えるほど、査察というものは難しくなる」。

レイキャビク・サミットから少し経ったあと、ゴルバチョフは、中距離ミサイルに関する条約交渉で米国が提案していた「ゼロ・オプション」を受け入れ、NATOと米国の指導者を再び驚かせた。これはアジアに展開していたミサイルを含め、ソ連側が不利なかたちで戦力を削減するものであった。一九八七年一二月八日、ゴルバチョフとレーガンはINF全廃条約に署名した。これは初めての核軍縮条約であるとともに、洗練された米ソ間の現地査察システムを含んでいた。INF全廃条約は、冷戦末期に成立した国際的な軍備管理レジームの柱の一つとして、三〇年にわたり存続することになる。一九九一年七月、ジョージ・H・W・ブッシュとゴルバチョフは、冷戦が終わって初めて、七五〇ページに及ぶ複雑なSTART I条約に署名した。これは戦略兵器の大幅削減を規定した初めての合意であり、双方の弾道ミサイルに搭載される核弾頭のおよそ半分を削減することが定められた。核兵器の制限にかかわる歴史における、希望に満ちた瞬間であった。同時にそれは、冷戦にとっても望ましい終幕であった。冷戦はキノコ雲ではなく、囁《ささや》きをもって終わったのである。核の安定は、幸運と、双方の慎重さによって守られた。

第6章　スター・ウォーズと後継者たち

一九四〇年代末、冷戦が始まったころ、米国の当局者らは、米国が原子爆弾を独占してさえいれば、西欧やアジアへのソ連のさらなる拡張を抑止できると考えていた。ソ連が一九五〇年代初頭に、核兵器と、北極を越えて核兵器を運搬可能な航空機を開発すると、米国は敵爆撃機を撃ち落とせるミサイルの開発を加速させた。一九五〇年代末までに熱核弾頭が登場し、さらに一九六〇年代初頭までに核弾頭を搭載したＩＣＢＭが配備されたことで、両超大国は、有効な弾道弾迎撃ミサイルシステム（ＡＢＭシステム）の模索へと駆り立てられることになった。

気づけば米ソは、攻撃・防御兵器の軍拡競争に陥っており、これはまだ萌芽期にあった、核抑止体系の安定を脅《おびや》かしかねなかった。抑止の概念が定着しはじめた時、最初に生じた懸念は、ＡＢＭ防御システムが実際に意味のある「防御」を提供できるのか、かつそれがコスト効率的なのかというものであった。だが、こうしたＡＢＭのコストと有効性に関する長きにわたる懸念は、二〇〇二年にはジョージ・W・ブッシュ大統領が未試験のABMシステムの配備を命じるかたちで、乗り越えられることになる。その原動力となったのは、党派ポリティクスと「悪の枢軸」の脅威に突き動かされた、米国政治であった。

1　冷戦前半期の米国におけるミサイル防衛

初期の計画

米国の防衛ミサイル開発は、一九四四年一一月、米陸軍がゼネラル・エレクトリック（GE）社とのあいだで、米軍部隊をドイツのV－2ロケットから防護する方法を検討する契約を結んだことで始まった。その後、一九四六年になって、ドイツで押収された文書やドイツの科学者らが持つ知見へのアクセスが可能になると、弾道ミサイル防衛に関するGE社の研究は加速した。それから一二ヵ月のうちに、一〇〇基ものV－2ミサイルの組み立てと発射が行われ、攻撃用弾道ミサイルの軌道と再突入に関するデータが収集された。その結果、一九五三年には陸軍の対空ミサイル「ナイキ・エイジャックス」が、翌年には後続の対空ミサイルシステム「ナイキ・ハーキュリーズ」が完成している。

一九五七年には、ソ連が取った二つの行動が、米国での懸念を呼び、米国人科学者らをミサイル迎撃システムの開発へと駆り立てた。ソ連はまず八月に大陸間弾道ミサイルの実験を行い、一〇月には初の地球周回人工衛星であるスプートニク一号を打ち上げ、世界を驚かせた。

これらは奇襲核攻撃に対する米国の脆弱性《ぜいじゃく》への懸念を巻き起こした。そうした懸念は、まさにソ連指導部が作り出したいと思っていたものであり、ソ連は、このロケットが地球上のどこにでも到達できると発表した。ドワイト・アイゼンハワー大統領はローワン・ゲイザーを首班とするハイレベル委員会を作り、同委員会は戦略空軍のミサイル基地を守るためのＡＢＭ防衛システムの開発などを勧告した。

一九六二年のキューバ・ミサイル危機以降、ＡＢＭ関連の米ソの政策決定を大きく規定したのは、国内政治と、核をめぐる戦略環境を安定させたいという願いであった。一九六二年の危機で米国の脆弱性に危機感を抱いた米国の議員らは、大統領に対し、ただちに米本土を守るためのＡＢＭシステムを配備するよう求めた。同じ頃ソ連は、発射準備にかなりの手間と時間を要する液体燃料式の長距離ミサイルを、より信頼性が高く、迅速な発射が可能な固体燃料式のＩＣＢＭに更新した。一九六七年までに、ソ連は四七〇の固体燃料式ＩＣＢＭを保有していると見積もられ、他方米国のＩＣＢＭ保有数は一一四六に上った。これは米ソがいずれも、相手国を有効に抑止するのに必要な水準を越えたミサイルを持っていることを意味していた。ただしそれは、どちらかが、有効な国家規模の弾道ミサイル防衛システムを保有していないかぎりにおいて、であった。

一九六七年一月二四日のリンドン・ジョンソン大統領の予算教書は、当時有望視されていたナイキＸ ＡＢＭシステムの開発を継続するものの、それがまだ配備できる段階にはないことを示唆した。ナイキＸは基本的には陸軍のＡＢＭシステムで、複数アレイのレーダーを迎撃ミサイルと組み合わせたものである。だがその後、統合参謀本部議長アール・ウィーラーは下院歳出委員会に対し、米国はただちに軽ミサイル防衛を配備すべきだとしつつも、統合参謀本部としては、「最も人口密度の高い地域」を守るための重ABM都市防衛システムが望ましいと考えていると認めた。米国内ではほかにも、「慎重な国防政策のための委員会」などから、ソ連のゴラシュABMシステムが抑止の安定にもたらした課題に対応できるような、広域ABMシステムを求める声が上がった。

ABMへの賛否

相当な〔政治的〕圧力にもかかわらず、ロバート・マクナマラ国防長官はナイキXシステムの有効性に疑問を呈し、またABMシステムが、米ソ間に存在していた核のパリティを脅かす不安定化要因になりつつあるのではないかとの懸念を抱いていた。彼はジョンソン大統領に対し、プログラムをゆっくり進めるよう促した。その背景には、よりコスト効率的な、二つの代替案が存在していたことがあった。すなわち、①米国の攻撃能力を強化すること、そして②攻撃・防御両面の戦略兵器の制限の可能性についてソ連と協議すること、であった。

一九六七年六月、ニュージャージー州グラスボロで行われたリンドン・ジョンソン大統領との短い首脳会談において、アレクセイ・コスイギン書記長は、ソ連の計画している防御ミサイルシステムは「人々を殺さず、人々を守るものだ」と述べ、さらに「防御は道徳的で、攻撃こそが不道徳だ」とも主張した。皮肉なことに、三五年後にジェームズ・M・リンジーとマイケル・E・オハンロンが、次のような主張を提起している。「技術的に防御が可能であるにもかかわらず、意図的に米国民を攻撃に対して脆弱なままにしておくような国家安全保障政策は、不道徳であり受け入れられない。国家を無防備な状態にしておくことは、常識にまったく反しているだけでなく、世界のなかでの米国の役割を妨げるものだ」。

ＡＢＭの支持者らは、防御手段がなければ、米国に敵対し、かつ核弾頭を搭載した弾道ミサイルを保有する国家は、世界中に所在する米国の利益を脅かし、かつそれを守るための米国の行動を抑止できると考えるかもしれない、と認識していた。また、十分なミサイル防衛がなければ、米国の同盟国は、安全保障上の約束を履行する米国の意思を疑い、結果として米国のグローバルな影響力が減じられてしまいかねない、という主張もあった。のちには、テロ組織が核弾頭を搭載した弾道ミサイルを入手して米国の都市を狙うことへの懸念も上がるようになった。

他方、ＡＢＭ反対派は、米国の弾道ミサイル防衛計画の高いコストと有効性に疑問を呈した。彼らはまた、そうしたミサイル迎撃システムが、同盟国や敵対国との関係を不安定化させる方向に作用することも懸念した。もし米国が、自身は報復攻撃に対して脆弱ではないと考えるならば、敵対国は、米国が自身の要求を呑むか深刻な結果に直面するかを選ぶよう、戦略戦力を背景に圧力をかけるという恐怖を抱くのではないか。米国のミサイル防衛は、米国の能力を恐れる敵対国をして、危機の早い段階で、全力での第一撃の実行に向かわせるのではないか。あるいは、戦略軍備管理を模索する努力を阻害するのではないか。次の段階として、核兵器が宇宙に配置されるのではないか。米国のミサイル防衛は、戦略核軍拡競争をより強めるのではないか。

以上のように、反対派は、米全土をカバーするようなミサイル防衛システムが、敵対国に第一撃を検討させたり、宇宙空間での軍拡競争を誘発したり、弾道ミサイルと大量破壊兵器の拡散といった結果につながるならば、米国の安全は今よりも損なわれてしまうと主張した。彼らは繰り返し、戦略軍備管理の試みが、効果が疑わしくコストのかかる技術的解決策の追求の犠牲になったり、単独主義的な試みのために無駄にされたりしてはならないと主張してきた。

2　ソ連のミサイル防衛プロジェクト

一九四〇年代末、米国が核兵器とそれを運搬する爆撃機を独占していたことで、ソ連は「これに対抗する」防衛システムの開発へと向かった。一九四七年、ソ連はドイツの第二次世界大戦時のロケットを基にした対航空機ミサイルの実験を始め、やがて一九五三年五月二五日、自己開発したV－300ミサイルとレーダー誘導システムを用いて、TU－4爆撃機の撃墜に成功した。六ヵ月後には、モスクワの周囲に、最大一〇〇〇機の爆撃機の攻撃から同市を守る対空ミサイルシステム（S－5）を配置するための建設作業が始まった。一九五六年には、この防空網に、ソ連初のABMシステム（A－35ガロッシュ）を一九六七年一一月までに導入することが決まった。しかし、新型のS－350迎撃ミサイルの実験が為された際に、これが米国が新たに開発したMIRVに対処できないことが判明した。米国のICBMの再突入体（しばしば「バス」と呼ばれる）は、それぞれ複数のデコイと、三つ以上の別個の核弾頭を搭載することができたのである。

一方、ソ連は一九七四年に、A-35の後継としてA-135 ABMシステムを開発することを決定する。A-135は、単弾頭ないしMIRV化されたICBMを迎撃することを念頭に設計されており、二層式の防衛システムとして構想された。第一層では大気圏外で、第二層では大気圏内（高高度大気圏内）で、A-350ランチャーがICBMに対処する。第一層のシステムは、あらゆるABMシステムにとって最も深刻な問題である、デコイと弾頭の区別という問題に直面した。一九七五年、一九七六年と、シャリー・シャガンでこの二層システムの実験に成功したあと、ソ連国防省はモスクワ周辺の七ヵ所にA-135基地を設置することを承認する。このプロセスは、一九七八年のDon-2Nレーダーから始まり、一九八一年には硬化ミサイルサイロの建設が開始され、一九八七年にはそれが完成した。しかしA-135システムは、一九九七年ごろまで完全な運用開始には至らなかった。

ソ連は、自身のABMシステムが敵弾道ミサイルの突破を食い止められるのか、依然としてほとんど自信がなかった。結果として、冷戦終結以来、ロシアはICBMの改良に注力し、米国のあらゆるABMシステムを突破するため、デコイを装着するようになった。

米国が、軍備管理合意の対象外となる、爆撃機や潜水艦から発射される核弾頭搭載巡航ミサイルの開発を進めたことは、ソ連にとっての新たな脅威を提起した。これらは発射されると、低高度で飛行するため、既存のソ連レーダーに探知されることなく領域内深くに侵入し、サイロ内のICBMを破壊することができた。

ICBMサイロと政治・産業中枢を巡航ミサイルの脅威から守るため、ソ連の科学者たちは一九七五〜八〇年にかけて、同一の規格に準拠した多チャンネルの地対空ミサイルを用いる戦域防衛システム、SAM-300システムの開発を追求した。S-300Vはソ連陸軍の地上部隊を、S-300Fは海軍の艦船を、S-300Pは防空部隊を守るものとされた。S-300Pシステムの設備とランチャーはケーブルで連結された移動式トレーラーに搭載され、S-300PTと名づけられた。一九八〇年には、A-135システムを補完するため、5V55地対空ミサイルを用いたS-300PTシステムがモスクワ周辺に配備された。S-300PTシステムの配備は、一九八五年に後継のSS-300PMによって代替されるまで続いた。アップグレード版のSS-300PMは、ほとんどあらゆる地形を移動できる自走式トレーラーに搭載され、無線中継で指揮統制センターと接続されていた。

二〇〇五〜〇六年、ロシア空軍はS-300Pを、S-400（NATOコード・ネームではSA-20トリウームフ）地対空ミサイルシステムに代替しはじめた。これは、アップグレードされた48N6DM長距離迎撃ミサイルを搭載し、四〇〇キロメートル（二五〇マイル）までの範囲で、航空機や巡航ミサイル、短・中距離弾道ミサイルを破壊できるものである。低空の目標の迎撃には、一二〇キロメートル（七五マイル）程度の射程を持つ軽量の9M96迎撃ミサイルが用いられる。*Jane's Missiles and Rockets* がのちに報じているように、最終的には、人口密集地や軍事・産業複合体を守るため、全三五個連隊にこのシステムが配備される予定である。

ロシアは、S-400をアジア、欧州、中東に積極的に売り込んでいる。二〇〇三〜〇四年、中国は将来のS－400システム導入のために約五億ドルを費やした。加えて、ロシアはアラブ首長国連邦（UAE）にもS－400をオファーし、さらに核兵器開発疑惑のあるイランもこれを獲得しようとしているとの見方がある。最終試験が終わり生産段階に入れば、S－400は世界でも最も引く手あまたのミサイル防衛システムになると見られていた。米国のパトリオット・システムは二度の湾岸戦争でその性能が検証されたかたちになったが、米露いずれのシステムも依然として解決すべき問題点を抱えており、敵対国の巡航・短距離ミサイルを食い止められる保証はない。

3　ABM配備と弾道弾迎撃ミサイル制限条約

米国初のABM配備

一九六七年九月、窮地のジョンソン政権は、それほど大きな脅威ではなかった中国の核ミサイルから米国を守るためのナイキX ABMシステムを配備することに同意し、同時にこのABMシステムが、ソ連ICBMから米国を有効に防護できるものではないことを明確にした。センチネル・システムと名付けられたこのABM計画は、中国を標的に掲げることで、ソ連がABMとICBMの制限・削減を真剣に検討する余地を残すものであった。それを実際に配備するかの決定は、ニクソン政権に降りてきた。

ニクソンは就任直後の一九六四年三月一四日、次のように発表した。「長きにわたる検討の結果、以前採用されたセンチネル・プログラムは大幅な修正が必要であるとの結論に達した」。新たなA

BMシステムは「我々の都市を守るものではなく」、なぜなら「耐え難いレベルの人命の損失を出すことなしに、都市を十分防護できる方法はないことが明らかになったからである」。それゆえニクソンは一九七〇年に、信頼性ある抑止を維持するため、モンタナのマルストローム空軍基地とノースダコタのグランド・フォーク空軍基地にある、一二ヵ所のミニットマンⅢ ICBM基地の防護を目的としたセーフガードABM計画を承認した。

ニクソンは、セーフガードABMシステムがもたらす能力強化、すなわちミニットマンⅢ ICBM基地を守るABM迎撃ミサイルの数の増大や、米本土全体に及ぶレーダーのカバー範囲には言及しないことにした。キッシンジャーの回顧録は、このレーダーのカバー範囲の拡大について、もし将来的に必要性が生じたとき、ICBM基地防衛の「急速な拡大を容易にする基盤」であると示唆している（ソ連の科学者たちは、レーダーのカバー範囲に関するデータが省かれていたことが、セーフガード計画の一環であると正確に見抜いていた）。

セーフガードの技術的限界から、一九七五年一〇月二日、米下院はノースダコタのグランド・フォークにあった唯一のABM基地（計画では一二ヵ所のはずであった）を停止させる旨議決した。わずか四ヵ月前に運用を開始したばかりであったこの基地には、このときまでに六〇億ドルが費やされていた。これは、セーフガードの大きなフェーズドアレイ・レーダーが、ソ連のミサイルの格好の標的になること、そしてスパルタンおよびスプリント・ミサイルに搭載された核弾頭の爆発が、レーダーシステムを機能不全に追い込んでしまうことが発覚したためであった。

一九七二年ＡＢＭ条約

他方、一九六四年、米軍備管理軍縮庁長官のウィリアム・フォスターが、ソ連の駐米大使であったアナトリー・ドブルイニンとのあいだで、ＡＢＭシステムの禁止ないしは制限に関する交渉の可能性を模索しはじめたことで、ミサイル防衛システムをめぐる米ソ間交渉の最初の一歩が踏み出された。ドブルイニンによれば、米国と交渉を行うかどうかについてソビエト政治局内で意見が一致しなかったことから、ソ連はこの当初の米国の提案には乗れなかったという。一九六八年八月一〇日、ソ連指導部は最終的に、攻撃・防御両面の戦略兵器の制限または削減についての議論を開始することを決定する。だが、そうして予定された協議は、八月二四日、ソ連軍がチェコスロバキアに介入したことで棚上げとなった。

一九六九年一一月一七日、フィンランドのヘルシンキで始まった戦略兵器をめぐる協議では、米国代表団が、公式にも非公式にも、ミサイル防衛システムが現状の抑止の安定を危うくしているという懸念を強く提起した。協議の初期段階で、ソ連側はＡＢＭの配備に関して、「地理的および数量的に低い水準に留める」こともやぶさかではないことを示唆した。ただ、戦略攻撃戦力面での解決困難な問題に直面したことで、攻撃兵器と防御兵器について別個の合意を追求することが一九七一年に合意された。

一九七一年八月の終わり、米側代表のハロルド・ブラウンは、米国側の「『開発』の概念と制限の実際的適用に関する理解」を明確化するよう求められた。上位者に確認したうえで、ブラウンは以下のように慎重に答えた。

我々が「開発」として念頭に置いているのは、ある兵器システムの発展のなかで、研究（研究には、概念的設計と実験室での試験が含まれる）に続き、かつフルスケールの試験に先行する段階である。開発段階は、しばしば研究段階と重なり合うものの、通常はその兵器システムないしその主要構成要素のプロトタイプを一つまたはそれ以上作成し、試験することと関連づけられる。我々の見解では、試験と配備が禁じられた兵器システムの（こうした意味での）開発を禁じることは、完全に理に適っているとともに、現実的である。

当時知る由《よし》もなかったであろうが、ブラウンがここで示した定義は、のちに一九八〇年代になって、レーガン大統領の「スター・ウォーズ」システムに反対する人々が、ABM条約を再解釈するのに用いられることになる。米ソの代表団は一九七一年の秋までにジュネーヴで会合し、ABM条約第五条の基本的要素について合意に達していた。「両締約国は、海上配備・空中配備・宇宙配備・移動式地上配備型の、ABMシステムやその構成要素について、開発・試験・配備を行わないことを約束する」。第二条において、固定式地上配備型システムは、「飛翔軌道にある戦略弾道ミサイルやその構成要素を迎撃するもの」で、ABM迎撃ミサイル、ランチャー、レーダーから「現在のところは構成される」ものと定義された。「現在のところは構成される」という文言は、条約が現在と将来の、すべての該当システムをカバーすることを示唆していた。

ソ連側は、「エキゾチックな」システムについてしつこく詮索《せんさく》したが、これは米側代表団が軍指導部からの要請で、例としてレーザーを持ち出せないようになっていたためでもあった。ソ連は米国のレーザー・プログラムを察知しており、実はソ連自身も、高出力レーザーをミサイル迎撃実験に用いたいと考えていた。最終的に、ソ連側の詮索と、米国の「エキゾチックな」プログラムに関する情報を収集したいという彼らの願望は、固定式の「エキゾチックな」ＡＢＭシステムの配備禁止に関する合意に道を譲ることになる。ＡＢＭ条約の合意声明のなかで、以下のような脚注がある。

両締約国は、将来、ＡＢＭ迎撃ミサイルやＡＢＭランチャー、ＡＢＭレーダーに代わりうる構成要素を含む、ほかの物理法則に基づくＡＢＭシステムが開発された場合には、そうしたシステムとその構成要素に関する特定の制限を、協議と……合意の対象とすることに同意する。

ＡＢＭ条約は、それぞれの設置しうるＡＢＭ基地を二ヵ所（のちに一ヵ所）に制限し、かつ「その二ヵ所のカバー範囲が」重なり合わないように、相互に一三〇〇キロメートル以上離すよう制限した。結果として、許容された二つの基地の設置場所は、特定の地域に限られることになり、かつ限定的な範囲しかカバーできないことになった。この条約は、米ソそれぞれの国土全体をカバーするような弾道ミサイル防衛システムの構築を明確に禁じるものであった。一九七二年五月二六日、モスクワにおいて、ＡＢＭ条約の合意内容が最終確定され、署名された。

4　レーガン政権のスター・ウォーズ構想

レーガンの「夢」

国防総省の国防科学委員会のレビューを受けて、ホワイトハウスは一九八一年一〇月、米国の「現在の弾道ミサイル技術は、ソ連のミサイルに対する防護を提供できる段階には達していない」と結論づけた。だが、レーガンの伝記を書いたルー・キャノン曰く、この結論によっても、レーガンが抱いていた「核の大惨事というイメージと、彼のなかに強くあった、そのような事態をもたらしかねない兵器は廃絶されるべきであるという確信」は減退することがなかった。さらにレーガンは、誕生以来二十年を経ていた米国の抑止のドクトリンである確証破壊に対して、道徳的な反発を感じていた。

一九八三年初頭、レーガン大統領は、当時市民運動の反対の的になっていた、一九八四会計年度の国防予算増額を後押しするための演説を準備していた。レーガンは最初に上がってきた草案を、従来と同じ正当化事由を並べているだけだとして却下し、国家安全保障問題担当大統領補佐官のロバート・C・マクファーレンに対し、核凍結を支持する側のメッセージに対抗できるような、何か新しいものを作り出すよう求めた。一九八二年から一九八三年一月にかけての世論調査では、六六パーセントの米国人が、レーガンは軍備管理をうまく推進できていないと考えており、七〇パーセントが、すべての核弾頭廃絶のための最初のステップとして核兵器の生産を凍結することを支持していた。軍事支出の増額を危うくしかねない核凍結に関する米議会の討議は、一九八三年の三月末に予定されていた。

マルコム・ワロップ上院議員（共和党、ワイオミング州選出）、ダニエル・グラハム退役陸軍中将、カリフォルニア大学ローレンス・リバモア研究所の物理学者エドワード・テラーらは、一九七九〜八二年にかけて国防総省や議会に対し、ミサイル防衛プロジェクトのための予算増額を求めるロビイングを展開していた。彼らは、原子力や化学的手法で発生させるレーザーや、それを用いる、軌道上を周回する宇宙配備の戦闘基地、発展型の空軍宇宙航空機といった構想への支持を集めようとした。一九八一年二月、国防長官キャスパル・ワインバーガーは、上院軍事委員会において、米国が「MX（ミサイル）をABMで守られた固定サイロに配備できるようになるかもしれない」と語っている。しかし、こうしたミサイル迎撃システムの提唱者らは、レーガンの一九八三年三月の演説の準備に誰一人として直接関与していなかった。

一九八三年二月一日、レーガンと統合参謀本部は、国防総省が提示した、現在の戦略兵器に対処するための五つのオプションのリストについて議論していた。一つは、海軍作戦部長のジェームズ・ワトキンス海軍大将が提案したミサイル防衛システムである。彼は、前方展開の戦略弾道ミサイル防衛は「我が国の沿岸部や空を戦闘から遠ざけられる」と主張した。そのようなかたちでの戦闘「のあり方」は、「道徳的」かつ米国人の志向性に合うものであり、それはミサイル防衛が米国人を守るもので、ソ連の攻撃のあとで「ただ単に報復する」ものではないためだとされた。ワトキンスは、「ミサイル攻撃に打ち勝つためのシステムを開発する」長期的なプログラムを持つことは、現実的と考えられると結論づけたのである。レーガンは、核抑止という現実に対する道徳的嫌悪感から逃れる一つの術《すべ》として、ワトキンスのミサイル防衛のアイデアに惹き付けられた。

他方、マクファーレンと大統領の科学アドバイザーであったジョージ・キーワース二世は、三月二三日のレーガンの演説の草案作成を進めていた。キーワースははじめ、ミサイル防衛計画を演説に入れることに反対したが、これは科学ではなく政治の決定であるとマクファーレンから伝えられ、渋々ではあったが反対を取り下げた。

レーガンの自伝によると、彼は演説の最終ドラフトを三月二二日に受け取り、その晩にも「多くの手直しを加えた。その多くは、官僚的な言葉遣いを一般的な物言いに変えるものであった」。その最終稿は、議会に対し、米軍の能力増強を継続するための、一九八四会計年度予算の大幅な増額の承認を求める、長ったらしい導入部分から始まるものになった。レーガンは演説の終盤で、彼が統合参謀本部と行ったミサイル防衛に関する直近の議論について語った。そのうえで、これまで国家安全保障が核抑止に依存してきたことに触れ、次のように続けた。

希望のもてる将来のビジョンについて触れさせてほしい。我々は、防御的なかたちで、多大なソ連の軍事的脅威に対抗するためのプログラムを開始した。もし自由主義陣営の人々が、自分たちの安全保障はソ連の攻撃を抑止するための米国の即時報復の威嚇《いかく》に依拠する必要がなく、我々はソ連の戦略弾道ミサイルを、我が国や同盟国に到達する前に迎撃・破壊できると、そう知りながら安全に暮らせるとしたら、どうだろうか。

レーガンはこれが途方もない試みであることを認めたうえで、技術的には一定の見込みがあるとして、防御のための盾を作りはじめる時期だとしたのである。

私は、かつて核兵器をもたらしたこの国の科学者らに対し、これらの兵器を無効かつ時代遅れのものにする手段を生み出すよう要請した。今夜、ＡＢＭ条約が定める義務に合致するかたちで、私は重要な最初のステップを取る。私は、戦略核ミサイルが提起する脅威を除去するという我々の最終目標達成の第一歩として、長期的な研究開発プログラムを明確化させるための、包括的かつ集中的な努力を行うよう命じる。

大統領のこの提案は、一九八四年一月、公式には戦略防衛イニシアティブ（ＳＤＩ）と名づけられたが、反対派は「スター・ウォーズ」と呼ぶようになった。

「スター・ウォーズ」の追求と現実

レーガンの提案への反応は、まさに賛否両論であった。リチャード・デラウアー国防次官は、ＡＢＭ研究への資金充当こそ支持したが、この研究がそうした「中途半端な政治的茶番」のもとに置かれることには反対した。下院少数党院内総務のロバート・マイケル議員（イリノイ州選出）は記者の追及を受けて、レーガンの演説は「いささかやり過ぎ」だと述べた。演説後のタイム誌のトップ記事は、レーガンの提案を「ビデオゲーム・ビジョン」を反映したものだと皮肉った。その表紙は、バック・ロジャースの二五世紀を題材とした漫画に登場するものに似た宇宙兵器を背景にしたレーガンであった。しかしわずか一週間のうちに、レーガンのミサイル防衛提案は表舞台から消えた。これは、その提案がもはや注目に値しないと捉えられるようになり、かつ大衆の関心が、より差し迫った問題へと移ったためである。実際レーガンは、一九八四年の選挙運動でミサイル防衛に言及しなかった。民主党側の候補者ウォルター・モンデールが、ＳＤＩについて、米国の納税者に何十億ドルもの負担をかけ、軍拡競争を加速させ、しかも真の意味で米国民を守ることができない、危険な悪ふざけだと非難したにもかかわらず、である。

国防総省はＳＤＩを真剣に捉え、一九八三年の春、フレッチャー・グループとホフマン・グループという、ミサイル防衛システムにかかわる検討を行うための二つのパネルを作った。元ＮＡＳＡ長官のジェームズ・Ｃ・フレッチャーは、ミサイル防衛の計画を策定することを委託された、六五人のメンバーから成るパネル（そのうち五三人はＳＤＩ研究に直接の経済的利害を有していた）を率いた。一九八四年初頭、このパネルは、一九九〇年代初頭までにミサイル防衛システム配備の決定にたどり着けるよう、ＳＤＩに関連したあらゆる研究を加速すべきと提言した。

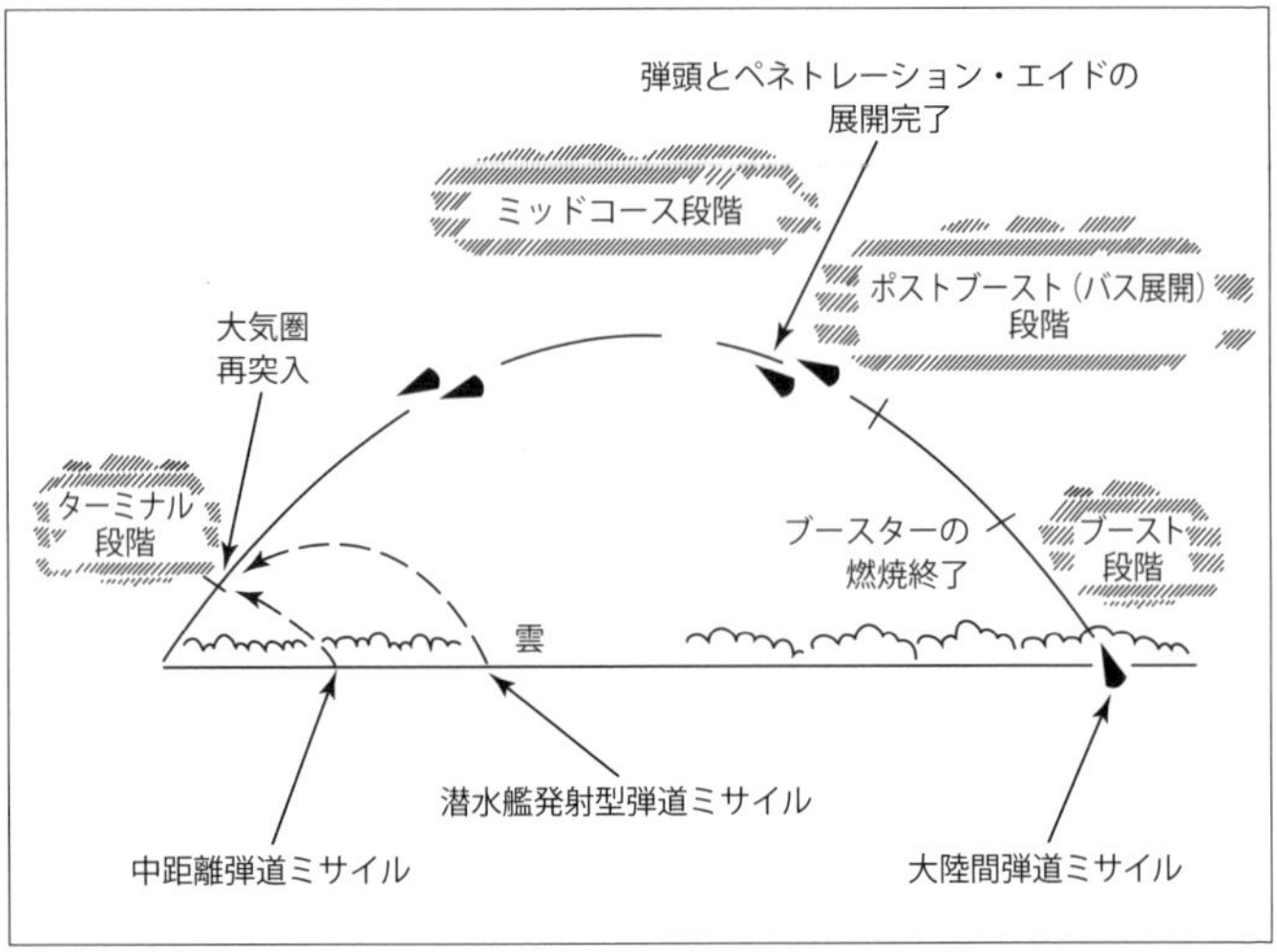

図7　「スター・ウォーズ」防衛システム

フレッチャー・パネルは、多層迎撃型のミサイル防衛システムを提案した。第一層はサイロからのICBMの発射を探知するSDIセンサーと、敵のミサイルをブースト段階で破壊するために即時発射される迎撃ミサイルを含むものであった。迎撃の第二層は、敵の弾頭をポストブースト／バス展開段階で破壊しようとするものである。第三層は、展開された敵の弾頭が大気圏に再突入する前に、ミッドコース段階で迎撃する。そして最後の第四層はターミナル段階で、そこまでの迎撃をくぐり抜けてきた弾頭を、デコイや残骸と峻別して破壊するものである（図7参照）。

飛来する弾頭の数を減少させる最大の機会は、わずか三～五分しかない、最初のブースト段階での迎撃である。この段階を過ぎると、ポストブースト・ビークル（「バス」）が引き続き弾頭とデコイを運んでいく。ポストブースト段階は、六〜一〇分で軌道の頂点、地上から約一二〇〇キロメートルの高度に達し、この間、米国の迎撃第二層がバスの発見と破壊を試みる。これが核弾頭迎撃の次善のタイミングである。バスは飛翔軌道の頂点で自身の軌道を修正し、最大一〇個の核弾頭と無数のデコイを放出、それらはすべて、定められた地上の標的に向かって下降を開始する。

ミサイル防衛の第三層は、このミッドコース段階、バスが弾頭とデコイを放出してから、それらが大気圏に再突入する前までのところで機能する。この段階は、米国のミサイル防衛システムが、標的に向かう弾頭を捕捉し破壊するのに最も長い時間をかけられるタイミングで、最大二〇分に達する。しかし米国の迎撃ミサイルは、デコイやスペース・デブリを弾頭と取り違え、肝心の弾頭から注意を逸らされてしまう可能性もある。

ミサイル防衛の最終段階は、地上から約九六キロメートルの高度で、弾頭とデコイが大気圏に再突入した時点から始まる。この段階では、弾頭が標的に到達するまで、迎撃可能な時間は数十秒しかない。この段階での迎撃の優位性は、弾頭とデコイを区別しやすい点にある。弾頭の表面は摩擦でかなりの温度に達する一方、重量がより軽いデコイは、弾頭から分離されたあとはさほど熱くならない。

配備するに値する弾道ミサイル防衛システムは、三つのタスクを有効に果たせなければならない。第一に、敵の標的を探知・特定できることが求められる。すなわち、ＩＣＢＭのブースター・ロケット、弾頭、デコイ、残骸を区別することである。第二に、システムの探知装置は、標的へと迎撃ミサイルを誘導するために、標的の位置を特定し、その軌道を割り出すことができなければならない。そして最後に、ブースター・ロケットやバス、弾頭を確実に破壊するため、防衛システム「の迎撃」により生じさせた損害を評価できることが必要である。これは防御側が、さらなる迎撃体を発射する必要があるのかを判断するうえで不可欠である。

言うまでもなく、こうした包括的な弾道ミサイル防衛は、その複雑な構成要素の開発・試験に必要な研究を担う科学者・技術者らに、途方もないチャレンジを提起するものであった。同時にそれは、レーガン政権が当初提案していたものから、大幅な予算の増額を必要とするものでもあった。

一方、軍備管理交渉を担ってきた外交官のポール・ニッツェは、あらゆるSDIシステムが、その配備を検討される前に満たす必要があるものとして、三つの基準を提示した。この「ニッツェ基準」は、ミサイル迎撃システムが、①有効なものであること、②直接的な攻撃に耐えられること、③限界費用の面でコスト効率的であること、すなわち相手側が攻撃力を増大させるコストが、こちら側が防御を増大させるコストに比べて安上がりであること、の三つから成っていた。ニッツェの基準は、一九八五年五月三〇日、国家安全保障指令第一七二号として採択された。国防総省の一部からは、コスト効率性の重視により、事実上ミサイル防衛プログラムは終焉《しゅうえん》を迎えさせられるのではないかとの懸念が上がった。他方、ロバート・マクナマラなどは、レーガン政権にこの基準のコストに関する部分を守るつもりがあるのかを疑った。

同時に、フレッド・S・ホフマン率いる将来安全保障戦略研究チーム（二四人のメンバーのうち一七人が将来的にSDI関連で何らかの契約を受注する立場にあった）もまた、米国の戦略防衛に関して検討を行った。一九八四年初頭、このグループは、SDI開発の時間軸について、より現実的な評価を提示した。考えられるABM配備の時期を一九九〇年代初頭とするのではなく、完全な防衛［の達成］には「長い時間がかかり、かつそれに対抗しようとするソ連の試みを勘案しても実用的なものとなると、達成不可能かもしれない」と結論づけた。

十年以上にわたり、ABM条約の伝統的な解釈では、宇宙配備のABMシステムの開発と試験は一切禁じられていると考えられてきた。だが一九八五年一〇月、ニッツェは国務長官のジョージ・シュルツを説得し、宇宙配備兵器の研究開発を許容できる、「より広い」解釈を受け入れさせることに成功する。ABM条約を破棄したいと考えていた政権内のほかの強硬派たちは、この新しい解釈をさらに広げ、宇宙兵器の試験までも許容できるようにしようとした。

一〇月六日、国家安全保障問題担当大統領補佐官ロバート・マクファーレンは、CBCの *Meet the Press* で、一九七二年のABM条約は、「新しい物理概念」を用いたミサイル防衛システムの開発と研究を認めていると述べた。彼はまた、この条約は「エキゾチックなシステム」と技術の試験を許容しており、思うにそれは、レーザーと粒子ビームであると主張した。

国務省の法律顧問エイブラハム・D・ソフィアは、ABM条約に関する非公開の交渉記録と条約の規定は、同条約の文言が曖昧《あいまい》であることを示しており、かつ上院での批准の過程は、より広い解釈を支持するものだと主張した。彼はまた、具体的な説明は一切なしに、ソ連は移動式のABMシステムや「エキゾチック」な技術の禁止については一切受け入れていないとした（ソフィアはやがて、批准の過程はより広い解釈を支えるものではないと認めざるを得なくなり、これについて彼のスタッフである「若い法律家たち」の失敗を責めた）。

一九七二年のＡＢＭ条約の解釈を広げようとする政権側の試みは、行政府と立法府のあいだで深刻な見解の相違を生んだ。サム・ナン上院議員（民主党、ジョージア州選出）は、同条約の伝統的な解釈に違反するいかなる試みも、「深刻な次元の憲法上の対立」を引き起こすものだと大統領に警告し、再解釈に関する一連の調査を立ち上げ、ソフィアの法的論理は「深刻な誤りがある」と結論づけた。ナンはカール・レビン上院議員（民主党、ミシガン州選出）とともに、ＡＢＭ条約の禁止規定の伝統的解釈に挑戦するようないかなるＳＤＩ関連の試験も禁じた、国防授権法案の修正条項を提出した。党派間の激しいやり取りと、共和党側の長きにわたるフィリバスター（議事妨害）ののち、ナンとレビンが提案した文言の修正版が一九八七年の暮れに承認された。

5　冷戦後のミサイル防衛

米本土ミサイル防衛

一九九四年、上下両院で多数を制した共和党は、この勝利を、選挙中に掲げた「アメリカとの契約」がもたらしたものと見た。「契約」には、米本土ミサイル防衛へのコミットメントが、共和党の政治的イデオロギーにいかに強く埋め込まれているかという点がよく表れていた。そこには、「弾道ミサイルの脅威（たとえば事故もしくは授権のない発射や、第三世界の国からの攻撃）から」米国を守るため、「コスト効率的で運用可能な弾道ミサイル防衛システム」を可能なかぎり早期に配備することが掲げられた。さらに、ＡＢＭ条約は「冷戦の遺産であり、米国の将来的な国防上の要請には合わないものである……米国の戦略防衛を拡張することと、クリントン政権が、米国は潜在的な核の侵略行為に対して無防備なままでいるべきだとするロシアの要求に屈しないことは、道徳的要請である」ともしていた。以降、議会共和党は、成功こそしなかったものの、米本土ミサイル防衛システムの配備を政権に義務づけようとした。

共和党は、一九九六年一一月、「弾道ミサイル脅威を評価する」ための独立委員会を立ち上げた。のちの国防長官ドナルド・ラムズフェルドが率いたこの委員会が提出した報告書のうち、機密解除されたエグゼクティブ・サマリーでは、次のように強調されている。「弾道ミサイルを保有した新しい国家群（北朝鮮、イラン、イラク）……は、米国に大規模な損害を与える能力を獲得することを決断すれば、そこから約五年のうちに（イラクの場合は一〇年）、実際にそれが可能になるであろう」。この委員会が、大量破壊兵器を開発すると見ていた北朝鮮とイランは、「米国を脅かすことに高い優先度を置いており、現時点でも、米国の国土に直接的な脅威を提起するための、高度な弾道ミサイル能力を追求している」とされた。

元国務省情報調査局のグレッグ・ティールマンは、「ラムズフェルドの弾道ミサイルに関する見方はしばしば、慎重に検討された（情報）専門家の見解を無視しており、米国にとっての差し迫った脅威が生起され、外交よりも軍事的な対応が促されるような、きわめて起こりそうにない最悪事態想定に傾いている」と指摘した。これは驚くには当たらなかった。

ジョージ・W・ブッシュ政権とミサイル防衛

ジョージ・W・ブッシュは、二〇〇一年一月の就任から間もないうちに、選挙期間中に掲げた、米本土ミサイル防衛システムの積極的な追求という公約の実現に着手した。二〇〇一年九月一一日のテロ攻撃のあと、ブッシュはミサイル防衛システムが米国の安全保障のために必要であると主張した。その研究・開発・試験にかかわるあらゆる制限を撤廃するため、二〇〇一年一二月一三日、ブッシュは米国がロシアに対して、一九七二年のABM条約から脱退するための六ヵ月前通告を行ったと発表した。

一年後の二〇〇二年一二月、ブッシュ大統領は国防総省に対して、戦略ミサイル防衛システムの初期要素を配備するよう指示した。この初期的な措置に含まれていたのは、二〇基の地上配備型ミッドコース防衛（GMD）システムを配備することと、同数の海上配備型イージス弾道ミサイル防衛システムを三つの艦船に搭載することであった。加えて、数は特定されなかったものの、パトリオットPAC3ミサイルと、標的位置の特定を目的とするアップグレードされたレーダーシステムも含まれた。PAC3ミサイルと海洋配備の迎撃システムは、短・中距離の弾道ミサイルからの防護を意図していた。二〇基のGMD迎撃システム（アラスカに一六基、ヴァンデンバーグ空軍基地に四基）だけが、長距離弾道ミサイルに対する防護を目的としていた。事情を知る者は、まだ初歩的なＧＭＤ迎撃ミサイルの試験が、それほどハードルの高くないかたちで慎重に立案されたものであり、たとえそうした実験に成功していても、それが現実世界の環境に沿ってはいないことを十分理解していた。信頼のおけるＡＢＭシステムは、まだ遠いものと思えた。

さらなる検討

いくつかある論点のうち、三つがここで検討するに値する。①ミサイル防衛は、「ならず者国家」やテロリストに対して最善の防衛手段となるのか。②ミサイル防衛の配備にかかわる決定を駆り立ててきた米国の政治的な党派主義は、信念に基づくコミットメントに転化したのか。③ミサイル防衛のコストはいかなるものか（ボックス3参照）。

ほとんどの米国人は、有効なミサイル防衛システムの保有が望ましいという点に同意する。しかし多くの懐疑派は、多大なコストをかけて有効性が実証されていないシステムを拙速《せっそく》に配備することは、望ましい水準に到底及ばないレベルの防護しか提供できない結果に終わるのではないかと懸念する。一部のアナリストらは、米国の膨大な核戦力と、それをグローバルに投射できる運搬手段に鑑みれば、いかなる国家も、米国からの即座の報復により自国が消失することを恐れて、自国領内から米国への弾道ミサイルの発射を許すことなどない、とも主張してきた。

これらの専門家によれば、米国にとってより蓋然性が高い脅威は、外国のテロリストが、組み立て・配備・精確な発射に困難が伴う長距離弾道ミサイルによってではなく、船やトラックのような

ボックス３　初期の米国のミサイル防衛システム（ミサイル・プログラムの選択的一覧）

プロジェクト名	時期	研究と目的
サンパー	１９４４	Ｖ－２型ロケットからの防護を模索した陸軍の研究で、ＢＡＭＢＩ（弾道ミサイルブースト迎撃）につながったが、１９６１年にキャンセルされた。
ナイキ	１９４５	陸軍の対航空機防衛のための研究として開始。
ガーパ	１９４７	空軍の地対空無人航空機の追求。１９４９年にサンパーと統合され、弾道ミサイルの衝突破壊（hit and kill）の追求へ。
バンブルビー	１９４７	海軍の対空ミサイルの追求、タロスにつながる。
ナイキ・エイジャックス	１９５３	陸軍の対空ミサイル。
ナイキ・ハーキュリーズ	１９５４	陸軍の対空システム。
ウィザード	１９５５	空軍のＡＢＭ、後に攻撃ミサイルに転用。
ナイキ・ゼウス	１９５６	陸軍のＡＢＭシステム、レーダーと迎撃ロケットを統合。
タロス	１９５８	後にポラリスＳＬＢＭに。
ナイキ・ゼウス	１９６０	陸軍が基地防護のための配備を要請、ナイキＸへ。
ナイキＸ	１９６３	複数アレイレーダーとスプリント・ミサイルがシステムに追加。
センチネル	１９６８	ナイキＸがセンチネルと命名、中国のミサイルから米全土を守るものとして配備へ。
センチネル	１９６９	セーフガード計画へと変更、ノースダコタとモンタナのＩＣＢＭサイロに配備へ。
セーフガード	１９７５	セーフガードが運用開始。
セーフガード	１９７６	議会がセーフガードの運用停止を命令。

ソ連の都市防空システム

都市	プロジェクト名	時期	研究と目的
モスクワ	A-25	1953	V-300地対空ミサイルを用いた対爆撃機防衛。
	A-35	1958	ガロッシュ（米側呼称）の建設が開始。V-1000ミサイルによる対ICBM防衛、1967年までの運用開始を計画。
		1962	大気圏外での運用のためにS-350迎撃ミサイルを追加するものの、MIRVへの対処に失敗。
		1967	試験結果不良によりガロッシュ計画が停止、モスクワの防衛はTU-126戦闘機のアルダン・システムのみに。
		1975	MIRVへの対処を念頭にA-350迎撃ミサイルをアップグレード。
	A-135	1978	システムの漸次的アップグレード。
		1980	5V55による防空ユニットの防護。
		1992	A-35を置き換え。
レニングラード		1961	単段階のSAMランチャーを用いたS-500（米側呼称グリフィン）迎撃ミサイルを使用。1963年に放棄。
		1963	二段階式のランチャーを用いたS-200（ガモン）迎撃ミサイル。
		1970	S-200Vヴォルガの射程を延伸、ABM能力を付与。
		1974	1972年のABM条約の修正によりABM基地が双方一ヵ所に制限されたことで、S-200Dヴェガ（S-200Vのアップグレード版）を放棄。

手段を用いて、大量破壊兵器を米国へと運搬することだという。要するに、ある識者の言葉を借りれば、米国にとっての最大の脅威は、「ならず者国家」ではなく、国家を持たない「ならず者」なのである。

レーガン大統領のSDI演説以来、ミサイル防衛の即時配備をめぐる白熱した議論やそれを求める声は、国内政治環境に由来するものである。いわゆる「保守的な」共和党員らは、一九七二年のABM条約の打ち切りと、ミサイル迎撃システムの配備を推進するという決意を、ますます声高に主張するようになっていった。このコミットメントはまるで神学上の合言葉のようなもので、党の公式文書に登場し、妥協はほとんど、もしくはまったく許されなかった。さらに、システムの配備にかかわる共和党の要求は、時を経て実証されてきた兵器開発の手続きや、ミサイル迎撃システムのさまざまな技術的欠陥に関する懸念、財政的コスト、そしてより幅広い外交政策上の考慮に与える影響について、ほとんど注意を払わなかった。

第三の論点は、過去の研究開発で一二〇〇億ドル超が費やされてきており、かつ未実証技術の配備決定により、さらにコストが積み上がっていくであろう点である。ミサイル防衛庁（MDA）長官のロナルド・カディッシュ空軍中将は、拙速だとの見方が多い「ミサイル防衛システムの」配備にかかわるコストへの懸念が政権に欠けていると指摘、試験とそこで見出された問題への手当てを繰り返すことを提案した。そうしたプロセスは、実験段階では通常の手続きだが、いったん「運用可能な」ユニットが配置されると、より大きなコストがかかるものになるのである。

二〇〇三年の米国会計検査院（GAO）の報告は、兵器システム開発において確立されてきたアプローチと、「試験・修正」政策を無視して限定的なミサイル防衛の配備を推し進める国防総省の政策の妥当性に関して、疑問を提起している。結果としてGAOは、コストが大きいにもかかわらず、有効ではない対ミサイルシステムを政権が配備するリスクについて警告した。

MDAは、配備にはおそらく、五〇〇億ドルの追加費用がかかると見積もってきた。ただGAOは、これが研究開発関連のみの支出であると強調した。すなわち、生産や運用、メンテナンスなど、より早い時期に出た国防総省の推計で一五〇〇億ドルに上ると見られていた費用が含まれていなかったのである。GAOは国防総省に対して、ミサイル防衛のコストに関する包括的な見積もりの実施を検討すること、そしてそれらの支出のための予算措置を開始することを促した。それが為されなければ、ミサイル防衛システムの構築・配備のコストを賄《まかな》うために、国防総省はほかの兵器プログラム向けの資金を流用せざるを得なくなるかもしれない。

多層式のミサイル防衛システムのコストを予測することは、きわめて難しいものである。ただ、「軍縮のための経済学者連盟」が、二〇年間のシステム運用のコストを含め、ブッシュ政権のミサイル防衛関連プロジェクトのさまざまなフェーズにかかわる国防総省の見積もりをすべて足し合わせたところ、一兆～一兆五〇〇〇億ドルに達することが明らかになったという。核をめぐるグローバルな戦略環境が急速に変化していたなか、それですら十分ではなかった。

第7章　ポスト冷戦期

1　冷戦の幕引きと事後処理

一九八九年一月、ジョージ・H・W・ブッシュが大統領に就任した時、彼はロナルド・レーガンとミハイル・ゴルバチョフが始めた軍備制限のプロセスをさらに推し進めるものと見られていた。けれども、そうはならなかった。ブッシュは、レーガンはあまりに軽々しく、ゴルバチョフに対して多大な譲歩をしてしまったとの認識を持っていた。それゆえブッシュと国家安全保障問題担当大統領補佐官のブレント・スコウクロフトは、ソ連指導部を相手にするうえでは警戒心と強さが必要だと強調し、米ソ交渉のモメンタムを減速させた。新大統領も、新政権の高官らも、冷戦が終わったと心から思ってなどいなかった。

ブッシュとジェームズ・ベーカー国務長官の認識するところでは、過去の大統領はみな、就任直後の拙速《せっそく》な動きによってトラブルに巻き込まれてきた。それゆえ、モスクワとの公式な協議を始める前に、米ソ関係の現状についてきちんと把握するほうが望ましいと考えた。スコウクロフトはさらに慎重であった。一月には、西側は警戒を怠るべきではないと説き、ゴルバチョフは単に装いを新たにした「賢明な熊の行動様式」に過ぎないかもしれない、すなわち拡張主義的目標を相変わらず追求しつつも、西側に偽りの安心感を抱かせようとしているだけの可能性もある、と警告した。

ただ、発足時の米新政権が米ソ関係について慎重に動くことを意図していたとしても、事態の展開が、まもなくブッシュとゴルバチョフを引き合わせることになる。一九八九年一一月、ソビエトの東欧帝国が崩壊を始め、米国の主要政策決定者らは対ソ姿勢の再考を迫られた。数週間の逡巡のち、一九八九年一二月初め、マルタでのゴルバチョフとのサミットに赴いたブッシュは、西側が追求するいかなる目標の達成も、ゴルバチョフにかかっていることを認識した。ブッシュとゴルバチョフはサミットにおいて、懸案となっていた主要な軍備管理措置に関する協力およびその迅速な進展のための野心的プログラムと、一九九〇年春のワシントンでのサミット開催に関して合意した。

欧州通常戦力条約（CFE）

ゴルバチョフは一九九〇年五月三〇日にワシントンを訪れた。本国では窮地に陥り、大きく支持を落としていたが、それでもゴルバチョフは、自信と熱意、そして権威に満ちた自身のイメージを維持しようと決意していた。ゴルバチョフとブッシュは、約二〇年前に合意されていた、一九七四年の地下核実験制限と一九七六年の平和目的核爆発条約に付随する核実験検証のプロトコルに署名し、ようやくこれらの批准が可能になった。だがブッシュは、包括的な核実験の禁止には二の足を踏んだ。実際彼は、一月の段階で、政権として「米国の安全保障上の利益にかなう、核実験に関するこれ以上の制限があるとは考えていない」と述べていた。それでも両指導者は、ほかの問題を前進させ、将来の軍備削減につながる枠組みを打ち立てた。それが、一九九〇年一一月の欧州通常戦力（CFE）条約と、一九九一年八月の第一次戦略兵器削減条約（STARTⅠ）であった。

一九八九～一九九〇年にかけての議論の加速こそが、残っていた主要な立場の相違のほとんどを解消し、数年前では考えられなかったような内容のCFE条約を実現させた。それまで二〇年近く、CFE交渉は行き詰まっていたのである。フランスが協議に加わり、ゴルバチョフは一方的に、前線地域から兵員と装備を引き揚げ、ワルシャワ条約機構は解体され、そして再統一されたドイツは兵力の制限を受け入れた。ブッシュは一九九〇年一一月、パリでCFE条約に署名する。これにより、大西洋からウラル山脈までの欧州に配置される、戦車、火砲、装甲兵員輸送車、航空機、ヘリコプター、兵員に制限が設けられた。軍備管理の歴史において、この条約は間違いなく、最も目を見張る成果であった。署名から間もない時点で、ソ連はすでに、ハンガリーとチェコスロバキアからは一九九一年、ドイツの東側からは一九九四年の完全撤退を約していた。CFE交渉に当初から関与していた二三ヵ国のうち一ヵ国（ドイツ民主共和国）は存在しなくなった。ほかにも五ヵ国が国名を変えており、これは彼らのモスクワからの自立を明確に示すものであった。ワルシャワ条約機構が消失したことで、米国のCFE交渉団は、今や欧州が真に平和になったとして、この条約が「冷戦を終わらせた」と主張した。

ブッシュとゴルバチョフ――STARTⅠ

一九八九年一月、ブッシュ新政権は、START条約の基本的な枠組みが、すでに前政権によって描かれていたことを知る。だがレーガン政権下では、関係機関のあいだで条約の細部をめぐる論争が尽きず、未解決の問題が複数残り、結果として条約案は休眠状態にあった。主要な問題の一つは、「単弾頭化」の問題、すなわち単一の大陸間弾道ミサイルに搭載される弾頭の数をいかに減らすか、という点に関するものであった。新世代のICBMに関しては、これは容易であった。双方の新型ICBMの試験および配備の監視により、それぞれのミサイルに関してカウントされるMIRVの数を検証できたためである。米政府は一九八七年に、より安価かつ迅速な単弾頭化の手法として、「ダウンロード」方式、すなわち既存のICBMから弾頭を取り外すことを提案した。これは米国が、ミニットマンⅢの三個弾頭のうち二個を除去することで、STARTの上限を満たすことを可能にするものであった。

もう一つの主要な問題は、海洋発射型巡航ミサイル（SLCM）が物理的に艦船に搭載されているか否かを検証する方法であった。米海軍人らは、彼らの最新鋭の潜水艦の内部をソ連の査察官らが嗅《か》ぎ回るというアイデアに強く抵抗した。結局米国は、レーガンが繰り返した「信頼するが検証する」というロシアのことわざを脇に追いやるかたちで、双方が配備を計画するＳＬＣＭの数を「宣言する」という案を提示した。これにソ連が満足せず、より侵入的な査察手続きを要求し、ここに歴史的な役割の逆転が生じた。この要求は、ソ連の査察官らが米国の国防生産拠点やその他施設を徘徊するというアイデアに抵抗していた、米国防総省や情報機関の当局者らを動揺させた。

一九九一年七月三一日、八年半の曲折を経て、モスクワにおいてブッシュとゴルバチョフは、七五〇ページにも及ぶ詳細なＳＴＡＲＴ Ｉ条約に署名した。米側は最終的に、ソ連の弾頭数が一二五〇に制限されるという条件で、ダウンロードの問題に関して譲歩したが、最後の最後で、ソ連の三段階式ＩＣＢＭのＳＳ－25について、三個弾頭を搭載していないことを確認するため、一万一〇〇〇キロメートル射程での発射試験を行うよう要求した。この条約は、二〇〇一年一二月五日までに、双方が配備する弾道ミサイルと長距離爆撃機の数を一六〇〇以下、それらに運搬される「計算可能な」弾頭数を六〇〇〇以下とすることを定めた。さらにそのなかで、配備済弾道ミサイルに装着される弾頭数の上限を四九〇〇とし、かつ配備された移動式ＩＣＢＭシステム搭載の弾頭は上限一一〇〇、爆撃機で運搬される「計算可能な」核兵器の上限も一一〇〇とした。この条約は、双方に大幅な戦略戦力の削減を義務づけた初めての条約であり、弾道ミサイルに搭載される核弾頭の二五～三五パーセントが取り除かれることになった。加えてＳＴＡＲＴ Ｉでは、先行するＩＮＦ条約で採用された、テレメトリー・データへのアクセス提供と現地査察を認めるかたちの検証システムが取り入れられた。米露はＳＴＡＲＴ Ｉに規定された兵器削減を二〇〇一年一二月四日までに完了し、ベラルーシ、カザフスタン、ウクライナが、それぞれの領域内に配置されていた旧ソ連の戦略核戦力をロシアに引き渡すのを待つのみとなった。

ブッシュとエリツィン――STARTⅡ

ブッシュ大統領は一九九二年一月二八日の一般教書演説において、米国は一方的措置として、単弾頭のミゼットマンミサイルの開発を中止すること、保有爆撃機の相当部分を非核任務に振り向けることを発表した。加えて、米露の弾頭数削減をさらに推し進めるSTARTⅡの交渉を呼び掛け、そこで彼の単弾頭化イニシアティブが取り入れられるならばなお良しとした。他方、ロシアの新大統領エリツィンはより踏み込んで、弾頭数を二〇〇〇～二五〇〇とする削減を提案し、かつブッシュへの書簡のなかで、すべてのMIRVを「安定性への脅威という観点から、諸悪の根源」であると非難した。米政府はエリツィンの提案を、自身の伝統的な戦略戦力の三本柱に根本的な影響を及ぼすものとみた。合意進展への主要な問題の一つは、ベラルーシ、カザフスタン、ウクライナからの旧ソ連の戦略核兵器の返還であったが、これは一九九二年五月二三日のリスボン議定書で解決された。この議定書は、ベラルーシ、カザフスタン、ロシア、ウクライナ、米国を当事国とし、旧ソ連の全戦略核兵器をロシアに引き渡すようことを定める、五ヵ国のSTARTⅠレジームを形成するものであった。この問題が片づいたことで、STARTⅡに関する真剣な交渉が始まった。大幅な削減を推すロシアに対し、米国防総省は弾頭数上限二五〇〇の受け入れを拒んだ。妥協案として、ロシアは段階的削減を提案、双方がまずは四五〇〇～四七〇〇を上限とすることから始め、のちに二〇〇五年までに二五〇〇に減らすというアプローチを提示した。

一九九二年六月、ワシントンでの二日間の会合で、エリツィンはSTART Ⅱ条約の妥結へとつながるアプローチを提示した。数量上限を適用しようとするよりも、一定のレンジを用いることを提案したのである。すなわち、第一段階では、双方の保有可能弾頭数を、三八〇〇～四二五〇個の間とする。第二段階では、このレンジが三〇〇〇～三五〇〇個に縮減される。これはロシアにとっては経済的な理由から望ましく、かつ米国防総省にとっても、戦力構成の観点で受け入れ可能なものであった。ベーカー国務長官によれば、「核兵器の世界においては、双方が三〇〇〇を超える弾頭を保有しているとき、弾頭数での数百の優位はそれほど重要ではない」ことをエリツィンは認識していたという。ブッシュはこれに同意した。第一段階は二〇〇〇年まで続くことになり、第二段階はその三年後までに、弾頭数を三〇〇〇～三五〇〇に削減することが決められた。条約の細部の最終的な詰めが進んでいた時、ビル・クリントンが大統領選で勝利したため、ブッシュがこのままプロセスを進め、START Ⅱに署名すべきなのかという論点が浮上した。ある政府高官がのちに述べたところでは、「ロシア側が、こちらの譲歩を引き出すだけ引き出し、プロセスを一月二〇日以降まで遅らせ、そして新政権と向き合おうとするのではないかという懸念があった」。ブッシュ大統領は政権を去る前に合意を締結することを決め、一九九三年一月三日、ブッシュとエリツィンは、START Ⅱに署名した。この条約は、定義や手続き、検証について、START Ⅰに強く依存していたため、ＳＴＡＲＴⅠの批准プロセスが一九九四年に完了するまで、発効し得なかった。その後、米国は一九九六年一月二六日に、ロシアは二〇〇〇年四月一四日にそれぞれＳＴＡＲＴⅡを批准する。一九九七年三月のヘルシンキ・サミットにおいて、ビル・クリントンとボリス・エリツィンは、条約で定める最終的な削減の期限を二〇〇七年まで延長することで合意した。しかし、ＳＴＡＲＴⅡが発効することはなかった。米国は、一九九七年九月にクリントンとエリツィンが署名した「合意声明」を批准できず、かつその批准が、ロシアの新大統領ウラジーミル・プーチンが、二〇〇〇年五月にロシア側の批准を支持した際の条件になっていたからであった。その後の二〇〇二年六月一四日、米国のジョージ・Ｗ・ブッシュ大統領が一方的にＡＢＭ条約から脱退した翌日、ロシアはＳＴＡＲＴⅡを拒否した。

戦術核兵器の撤収

冷戦期には数万に及ぶ戦術核兵器が配備されていたが、米ソの指導者らは、その多くの撤収を開始した。冷戦終結直前の一九九一年九月にジョージ・Ｈ・Ｗ・ブッシュ大統領が表明した大統領核イニシアティブ（ＰＮＩ）に始まる、米ソ双方の一方的な戦術核兵器撤収の誓約は、海外に配備されていた核砲弾などの「戦場の」核兵器を除去することに成功した。米側は、ワルシャワ条約機構が崩壊するなかで、ソ連が戦術核兵器の適切な管理を維持できるのかを強く懸念しており、それゆえソ連指導部が、米側の一方的誓約に対して同様のかたちで応じることを望んだ。九月二七日の発表の際、ブッシュ大統領は、「海外に配備されているすべての地上発射の短距離兵器を引き揚げ、備蓄として米国が保有する同種の兵器と併せて解体すること、また『通常の状況下において』、水上艦艇や攻撃潜水艦および地上の基地に配備されている海軍の航空機への戦術核兵器の配備を止める」ことを約束した。ここでは暗に、危機の際に戦術核兵器を再配備する権利が留保されていた。

一ヵ月後、ソ連のミハイル・ゴルバチョフ大統領は、同様の一方的な宣言をもって応じた。ゴルバチョフは一〇月五日、すべての核砲弾と戦術ミサイル用の核弾頭、核地雷の撤去と、水上艦艇および多目的潜水艦からの全戦術核兵器の撤去（ただし、地上配備の海軍機に割り当てられたすべての核兵器とともに中央の施設に保管される）、そして防空ミサイルから核弾頭を取り外し、中央の保管施設にそれらを移すことを約した。そうした兵器の「一部」は解体されることになった。その後、一九九二年一月二九日には、大統領選に勝利したボリス・エリツィンがゴルバチョフの誓約を維持することに同意し、さらにロシアは海洋配備の戦術核兵器の三分の一と、地対空ミサイル用の核弾頭の半分を廃棄し、同時に空中発射の戦術核兵器の備蓄を半分にすると表明した。残りの半分に関しては、米国からの同様の行動を待つあいだ、配備状態から引き揚げられ、中央の保管施設へと移された。

一九九一年七月三一日のリスボン議定書は、旧ソ連構成国の四つの共和国を、ＳＴＡＲＴ Ｉを含むさまざまな軍備管理条約におけるソ連の後継国としてただちに承認した。これらの共和国は、ソ連の戦略核兵器の一部を保持しており、なおかつ内戦の可能性に直面していたため、事を急ぐ必要があった。ところが、戦略兵器よりも数が多く、広範な地域にわたって配備されていた戦術核兵器に関しては、誰がこれを管理するのかについて、何ら言及が為されなかった。

各共和国は、これらの核兵器を保持したままではいられないことをすぐに理解した。それを試みれば、ロシアに侵略の口実を与えかねなかったためである。米国もまた、ロシアが旧ソ連の核兵器のコントロールを維持することを望む姿勢を明確にし、ほかの共和国に対して、彼らの領内に残る戦術核兵器をロシアが撤去することを認めさせるべく、影響力を行使した。こうして、ロシアは一九九二年五月までにそれらの兵器すべてを撤去するための「迅速かつ概《おおむ》ね秘密裡の」プログラムを開始した。ウクライナだけでも、三〇〇〇個あまりの戦術核兵器が撤去された。ただ、一九九〇年代初頭以来、戦術核兵器の廃絶の見込みは立たないままとなった。これは主として、より小規模な米国の戦術核戦力と、はるかに規模の大きいロシアのそれとのあいだに大きな差があることに由来していた。

米国は冷戦期に、約五〇〇〇個もの戦術核兵器を海外に配備しており、そのほとんどはNATOに割り当てられていた。一九九二年末までに、米国は約束した戦術核兵器の削減および撤収を完了し、その一年後には三〇〇〇近い戦術核兵器を解体し終えた。一方、ソ連／ロシアの備蓄は、一万二〇〇〇から二万一七〇〇〇個に及ぶと考えられていた。だが、米国とソ連／ロシアがそれぞれ、PNI上の義務を履行しているか否かを判断することには、(当時も、そして現在も)困難が伴った。そうした兵器の構成、規模、および配置された場所に関して、多くの曖昧性が存在していたためである。旧ソ連構成国の四共和国からすべてのソ連の戦術核兵器が回収されたことを確認したあと、二〇〇五年五月、ロシアはこれらの兵器が「現在ではロシア領内にのみ配備されており、国防省の中央保管施設に集約されている」旨を発表した。

米露の戦術核兵器の備蓄数を厳密に推定することは難しい。近年の両国の声明に大きなばらつきがあるからである。ある報告によれば、米・NATO軍は欧州に数百の戦術核兵器を保持しており、一方でロシアの保有数はそれよりはるかに多いという。米国は、ベルギー、ドイツ、イタリア、オランダ、トルコ、英国に配置された約四八〇個の自由落下型核爆弾を含め、一一〇〇個近い戦術核兵器を維持したと見られる。ロシアは、三〇〇〇から六〇〇〇個の非戦略核兵器を保管していると推計されていた。ロシアは米国が欧州に自由落下型核爆弾を備蓄することに反対し、米国は戦術核戦力に関するロシアの透明性欠如を批判したが、一九九〇年代初頭以来、両国は、戦術核兵器のさらなる削減のための交渉を真剣に追求してはこなかった。

さらに問題をややこしくしたのは、戦術核兵器［運搬手段］の多くが、高性能通常爆弾や生物兵器、化学兵器など、核兵器以外にも多様な種類の弾頭を搭載しうることであった。冷戦期、この種の運搬手段は（特定の弾頭を伴うことなく）核・通常両用の運搬手段として世界中に拡がったが、これは後世への負の遺産となった。近年、核拡散の懸念がとくに強い地域、すなわちイラン、北朝鮮、イラク、エジプト、イエメン、アフガニスタン、パキスタン、カザフスタン、トルクメニスタン、ベトナム、ベラルーシなどに、短射程で核・通常両用のロケットやミサイルを拡散させたのはソ連である。これらの国々の多くは、キューバも含め、FROGロケット［9K52戦術弾道ミサイルの西側呼称」も保有してきた。米国製の核・通常両用の運搬手段も広く拡散し、とりわけ西欧やイスラエルで普及した。うち一部の国は、それらを基に独自の設計を試み、新世代のミサイルを開発した。その結果として、戦術ないし短射程の核兵器の保有や、それが地域紛争で使用される可能性は、二一世紀のいまも課題であり続けている。

NATOをめぐる論争の継続

二〇一〇年、NATO加盟国の国防相・外相らが同盟の「戦略概念」の見直しのために集まった際、複数のアナリストが、現行のNATOの核政策は時代遅れだとして、包括的な再検討の必要性を提起した。*Arms Control Today* の一〇月号で、オリバー・メイヤーとポール・イングラムが、同盟の国防政策における核兵器の将来の役割に関して、二八の加盟国のあいだで意見が割れていることを報告し、戦略概念の再検討を促した。のちにメイヤーは「軍備管理の次のステップ」に関する会議の席で、NATOの戦略概念見直しは、米オバマ大統領のグローバル・ゼロをめざす核政策と歩調を揃えるかたちで為されるべきとし、その理由として、欧州議会と各国国民の大部分がそれを支持していることを挙げた。残念なことに、NATOの現行の政策は「依然として、短射程の核兵器によってソ連の優勢な通常戦力を打倒できるという、冷戦期の理論に基づいている」というのが、メイヤーの見解であった。

米国の戦術核兵器を保管している五ヵ国のうち少なくとも三ヵ国を含む、一部の欧州諸国の政府がその撤収を望んだとしても、複数の中欧諸国とトルコが撤収に懸念を有していた。そしてこの懸念は、戦術核兵器の軍事的な価値というよりも、米国とNATOによる安全の保証の信頼性に関わるものであった。これらの国々は、ロシアが自身の通常戦力の弱体化を認めるかたちで、従来の核の「先行不使用」を放棄したこと、そしてロシアが彼らとの国境近くに戦術核兵器を配置し、核兵器の即応性を強調していることに関して、不安を抱いていた。

協調的脅威削減プログラム

突然のソ連の崩壊とその後の混乱を受けて、米国では一九九二年に、協調的脅威削減（CTR）プログラムが立ち上げられた。これは提案者であるサム・ナン（民主・ジョージア州選出）とリチャード・ルーガー（共和・インディアナ州選出）の両上院議員の名を取って、ナン＝ルーガー・プログラムとも呼ばれる。一九九二年のナン＝ルーガー法は、独立国家共同体、とくにロシアに対して、米国が財政支援を提供することで、旧ソ連の核戦力の管理を強化し、その安全を確保することを目的としていた。のちには、旧ソ連の化学兵器の解体もプログラムの対象に加えられた。このプログラムは一〇年で四〇億ドルの支援を伴い、以下の点を意図して設計されていた。

- 「核兵器や化学兵器その他を解体する」
- 「兵器の解体に関連して、それらの移送、保管、無力化、安全確保を行う」
- 「そうした兵器の拡散を防ぐための検証可能な保障措置を確立する」

これは破格の取引であった。当初の予算を支持したある人物が指摘したように、年間四億ドル程度というプログラムのコストは、米国人が年間でキャットフードに費やす金額の半分にも満たなかった。

二〇年にわたるCTRプログラムからは多くの成果が得られた。七五一九個の核弾頭が不活性化され、七六八のICBM、四九八のICBM用サイロ、四七六のSLBM発射機、弾道ミサイル搭載可能な潜水艦三二隻、戦略爆撃機一五五機、九〇六の空対地ミサイル、そして一九四の核実験用トンネルが解体・破壊された。核兵器保管施設では二四のセキュリティ向上施策が実施され、四六九回に及ぶ鉄道輸送により、核兵器はより安全な、集約された保管施設へと移送された。プログラムは、解体された核弾頭由来の五〇〇平方トンの高濃縮ウランを買い上げ、またウクライナ、カザフスタン、ベラルーシからすべての核兵器を除去することにも寄与した。これら三ヵ国は、一時は世界第三位、第四位、第八位の核戦力を持つ国になっていた。加えて、一九ヵ所の生物剤監視所が設置された。

2 ジョージ・W・ブッシュ政権と冷戦後の世界

グローバル脅威削減イニシアティブ

二〇〇四年五月に立ち上げられたグローバル脅威削減イニシアティブ（GTRI）は、世界中に点在する莫大な量の危険な核物質の安全確保を目的とした協力プログラムである。CTRの焦点が、旧ソ連圏諸国領内の核兵器関連物質にあったのに対し、GTRIは、平和利用目的の原子力施設由来の「核燃料を回収するか、その安全確保を図り」、またそれらの施設の、「新しい、より核拡散抵抗性の高い技術を用いた」ものへの転換を行う、補完的なプログラムといえる。GTRIが必要になったのは、「平和のための原子力」や国際原子力機関、そしてNPTが、非核兵器国が平和利用目的の原子力技術を獲得することを後押ししてきたためであった。

米エネルギー省が所管していた複数のプログラムを統合して立ち上げられたGTRIは、初歩的な核兵器の製造に利用されうる高濃縮ウラン（HEU）の安全確保を試みるものであった。また、HEUの安全確保に加えて、核爆弾の製造には使えない低濃縮ウラン（LEU）を燃料とする原子炉への転換も追求された。ある成功事例では、HEUから製造された医療用アイソトープの安全確保が実施され、テロリストがそれらを入手して放射能爆弾（「汚い爆弾」）の製造に流用する可能性を低減した。GTRIの報告は、「世界中で、数千もの『汚い爆弾』を製造するに足る、二〇〇〇万キュリーを超える放射能を含んだ、九六〇もの放射線区域の安全を確保し」、カザフスタンのある原子炉からは「一二〇個を超える核兵器に相当する高濃縮ウランとプルトニウムを除去するとともに、七七五個の核兵器に相当するHEUとプルトニウムの安全を確保した」とする。二〇〇四年以来、研究用原子炉二二基がLEU燃料を用いるものに転換され、ほかにもHEUを用いる研究用原子炉一二基が閉鎖された。HEU燃料の返還に関しては、一四九〇キログラム超のロシア製HEUがロシアへと、三二〇キログラム超の米国製HEUが米国へと、三五回に分けて移送された。後者の出所は、豪州、ドイツ、オーストリア、ギリシャ、日本、アルゼンチン、スウェーデン、ポルトガル、ルーマニア、台湾、オランダなど多岐にわたった。

米ジョージ・W・ブッシュ政権は、折に触れて、伝統的な軍備管理合意への嫌悪感を露わにした。それを顕著に表していたのが、ABM条約からの脱退や、包括的核実験禁止条約への一貫した関心の薄さ、核先行使用政策の維持、そして核兵器への依存であった。

SORT条約

九・一一テロ事件以降、ドナルド・ラムズフェルド長官率いる国防総省では、核戦略家らの役割は支配的なものになった。たとえば、二〇〇二年初頭に秘密裡に行われたブッシュ政権の核態勢見直しでは、ペンタゴンに対し、少なくとも七ヵ国を念頭に置いた、核兵器の使用に関する事態対処計画を策定するよう指示が出された。含まれていたのは、ロシアに加えて、「悪の枢軸」とされたイラク、イラン、北朝鮮、さらに中国、リビア、シリアであった。ここには、核戦力を削減し大量破壊兵器の拡散を防ぐという米国の外交的な目標と、想定外の事態に備えるという軍事的要請のあいだにある、根本的な不一致が表れていた。

ジョージ・W・ブッシュは、ホワイトハウス入りしたとき、米国の核兵器を削減することを誓っていた。二〇〇〇年五月二三日のナショナルプレスクラブでの演説では、「米国の国家安全保障が担保される最小限の数まで」核兵器を削減すると述べている。当初ブッシュは、一方的な宣言と握手によって戦略攻撃兵器の削減を進めようとしたが、ロシア大統領ウラジーミル・プーチンは、よりフォーマルな協定を求めた。プーチンが望んだのは、米露間での均衡（パリティ）のイメージを生じさせ、予測可能性を確保し、そして核関連の支出削減につながる、明文で規定された削減であり、それは米露双方が弾頭を一五〇〇個にまで減らすことで達成されうるものであった。これに、米新政権の正式な軍備管理合意に対する忌避感と、一方的行動を強く好む姿勢とが相まって、戦略攻撃兵器削減条約（ＳＯＲＴ）に結実した。この条約はブッシュとプーチンにより二〇〇二年五月二四日に署名され、二〇〇三年六月一日には発効した。ただ、この短い条約の焦点は、冷戦初期の伝統的アプローチである戦力の制限であって、ＳＴＡＲＴＩやⅡを特徴づけた、戦力の削減ではなかった。クリントンとエリツィンのあいだで原則合意されていたＳＴＡＲＴⅢの大枠、すなわち戦略戦力の二〇〇〇〜二五〇〇への削減と運搬手段の大幅な削減という内容は、ＳＯＲＴでは無視された。

モスクワ条約の名でも知られるＳＯＲＴのもと、米露は二〇一二年の条約の有効期限までに、双方が配備する戦略弾頭が一七〇〇〜二二〇〇を超えないようにすることで合意した。一方、ＳＴＡＲＴＩの制限を超えさえしなければ、それぞれが保持する運搬手段の数について何ら制限は課されなかった。運搬手段の破壊を求められることもなければ、詳細なカウンティング・ルールに関する合意もなかった。それゆえ、単一の弾頭のみを搭載しているかもしれないＭＩＲＶ化されたノーズコーンは、すぐにでも追加で九個の弾頭を搭載できるにもかかわらず、一個の弾頭と数えられた。条約が規定する制限数を超えた弾頭について、解体ないし破壊する必要もなく、単に保管しておくことが可能であった。ゆえにブッシュ政権は、少なくとも二四〇〇個の弾頭を即応予備として維持する計画であると表明した。ある軍備管理専門家の悲観的な評価によれば、この条約はわずか五〇〇語未満で構成され、軍備管理の主要な原則とこれまでの成果を拒絶し、予測可能性をも忌避し、安全確保の不十分なロシアの核兵器生産基盤に由来する核拡散の危険をさらに悪化させるものであった。SORTはその本質において、米露双方の核プログラムを各々の専権事項だと見なしていた。

3 オバマ政権と核兵器削減交渉

新START

ブッシュ政権は、START Iが失効する前に後継の合意を作り出すための、適切な行動をとらなかった。一九九一年七月に米ソが署名した、戦略兵器削減条約（START I）の中核にあった検証システムは、米露がお互いのSORT条約の履行状況を監視するために用いていたものでもあった。条約交渉に長い時間がかかることはわかっていたのであり、ブッシュ政権当局者は、検証システムの延長に関する何らかの合意の形成を優先事項とすることもできたはずである。だが、彼らはそれをしなかった。START Iの有効期限は過ぎ、オバマ政権は、米上院議員六七人の賛成票を得られるような、まったく新しい条約を交渉するという困難な課題に直面することになった。しかも、START Iが最初に検討された時には存在もしなかった、欧州における米国のミサイル防衛配備計画へのロシアの反対という状況にも対処せねばならなかった。この点に関するロシアの懸念は、プーチン大統領やロシア国防相、軍高官らによりブッシュ政権期に繰り返し言及されており、オバマ政権はこれをよく認識していた。ただ、二〇〇九～二〇一〇年にかけて、状況は切迫度を増していた。ブッシュは、ポーランドとチェコにミサイル防衛システムを配備するという米国の計画を、ロシアがただ黙認することを望んだ。オバマも同じことを望みはしたが、新しい条約を成立させるために、ロシアの協力を必要としていた。

ＳＴＡＲＴ Ｉを代替するための条約交渉において、この経緯が改めて反映されることになった。初期段階での挫折にもかかわらず、二〇〇九年一二月一八日のコペンハーゲンでの会談を終えたあと、バラク・オバマとドミトリー・メドヴェージェフの両大統領は、近いうちに新条約の交渉が妥結することについて、楽観的であった。しかし交渉は、米露のミサイル実験の暗号化されていないテレメトリー・データの共有を入れ込むべきとする米国の要求により、行き詰まった。これは、一九九一年のＳＴＡＲＴ Ｉで規定されていた内容でもある。これに対してロシアは、米国が求める暗号化されていないテレメトリー・データの提供を、米国のミサイル防衛に関する追加のデータ要求とリンクさせた。米国は、ＳＴＡＲＴ Ｉの規定と同様、飛翔実験のたびにテレメトリー・データとその解析のためのキーを共有する規定と、そうしたデータの解析への妨害やデータの暗号化を行わない旨の誓約を盛り込もうとした。問題は、米国は当時新しいＩＣＢＭを開発しておらず、トライデントＤ－５ ＳＬＢＭなど既存のモデルのアップグレードを図っていたのに対し、ロシアはソ連時代の老朽化したシステムの代替としてＲＳ－24移動式ミサイルなどの新型ミサイルを試験・

配備することを計画していたことであった。米国には報告すべき攻撃ミサイル実験はなく、ロシアだけが報告を行うようになることが見込まれた。他方、米国は迎撃ミサイルの実験は行う見込みであったが、そのデータをロシアと共有することを義務づけられるのは嫌った。二〇〇九年一二月二九日、ウラジーミル・プーチン首相は、ロシアが米国のミサイル防衛に関して、より詳細な情報を必要としている旨を表明した。プーチンは、ミサイル防衛が米国に優位をもたらすことを懸念し、「問題は、米国側はミサイル防衛を開発しており、我々は開発していないことにある」と説明した。

戦略運搬システムに関する意見の不一致もまた障害となった。ロシアは繰り返し、核兵器数削減に関して、米国が望んだ水準よりも踏み込もうとした。二〇〇九年七月、オバマとメドヴェージェフは、上限は五〇〇〜一一〇〇のあいだになると示唆し、のちに米国側はあいだを取って八〇〇程度をめざした。これは、当時配備されていた米国の運搬手段の数と近い数であった。一方、六二〇程度の運搬手段しか配備していなかったロシアは、約五五〇を主張した。運搬手段の数がどのように設定されようと、弾頭数の制限は一六〇〇程度になる見込みであった。同時に米上院では、共和党の上院議員四〇人全員と無党派のジョセフ・リーバーマン議員がオバマ大統領に対し、「米国の核抑止力近代化のための相当規模のプログラムがなければ、［核兵器の］さらなる削減が米国の国家安全保障上の利益に適《かな》うとは考えない」という警告を一二月一五日に発した。条約は上院で三分の二の賛成をもって承認される必要があるため、オバマ政権は、新条約の批准は高くつくことを思い知らされることになった。

オバマとメドヴェージェフ

二〇一〇年四月八日、プラハにおいて、オバマとメドヴェージェフは、失効した一九九一年のＳＴＡＲＴⅠを代替する条約として「新ＳＴＡＲＴ」に署名した。この条約は、法的拘束力と検証可能性を備え、それぞれの配備戦略核弾頭を一五五〇に、配備・非配備の戦略運搬手段を八〇〇に制限するもので、これは大幅な戦力削減であった。条約上義務づけられる弾頭数の上限は、ＳＯＲＴの二二〇〇よりも三〇パーセント削減され、運搬手段に関しては、一六〇〇としていたＳＴＡＲＴⅠの半分の数字となった。一五五〇の上限は、大陸間弾道ミサイル（ＩＣＢＭ）、潜水艦発射型弾道ミサイル（ＳＬＢＭ）、単一の核弾頭を運搬する重爆撃機に適用される。新条約は、戦力構成に関しては双方が自由に配分を決める余地を残した。戦略運搬手段の上限は八〇〇とされているが、配備可能なのは七〇〇までで、残りは訓練や試験に用いられる。ミサイルを搭載していない発射機は、非配備のものとして扱われた。条約が定める削減は、発効から七年間に行うこととされた。加えて、検証制度に関しても、ＳＴＡＲＴⅠからの修正を図り、新ＳＴＡＲＴ時代の要請に沿うよう、監視にかかわる規定の合理化を図った。検証手段には、条約が規定する戦略兵器に関連した、現地査察や公開、データ交換、通知が含まれ、同時に国家の技術的手段を通じたモニタリングの改善も行われた。査察に関する規定には、二つのタイプがあった。「タイプ1」はＩＣＢＭ基地や潜水艦基地、航空基地で行われるもので、「タイプ2」はその他の施設、たとえばミサイルの搭載施設や、実験場、訓練施設などを対象とする。現地査察は大幅に緩やかなものになったが、その背景には、条約の遵守《じゅんしゅ》を検証するうえでの国家の技術的手段の有効性が、過去二〇年で飛躍的に向上したことがあった。その結果、一九九一年当時よりもはるかに意味のある情報を得ることが可能になった。

新STARTの批准は、米国よりもロシアのほうがずっと円滑であった。ロシア議会下院は二〇一〇年一二月、三五〇対五八という圧倒的多数の賛成で条約に予備承認を与え、翌月には第二読解、第三読解を通過した。二〇一一年一月末には上院の賛同が得られ、メドヴェージェフの署名をもって批准手続きが完了した。一方米国では、多数の共和党上院議員が複数の疑問を提起した。大統領は米核戦力の近代化に十分な資金を投じるのか。条約は米国が計画するミサイル防衛の配備に何らかのかたちで影響を及ぼすのか。なぜ条約は、戦術核兵器を削減しないのか。八ヵ月の遅れと八日間の議論ののち、米上院は七一対二六でこれを批准し、条約は二〇一一年二月五日に発効した。

条約の承認には代償が伴った。オバマ政権は、すでに膨れ上がっていた核兵器関連産業の予算を、向こう十年で百億ドル増額することを約束した。財政上の制約に鑑みれば、米国は近代化のための追加投資の約束に関しては間違いなく再考することになるであろうし、四〇年を超えて運用されてきた、ICBM、SLBM、爆撃機から成る「トライアド」のシステムについてさえ、再検討を迫られるであろう。

核兵器の廃絶？

二〇〇九年四月五日、オバマ大統領は「核なき世界」への道筋を提示した。核兵器の廃絶を通じて世界の安全を向上させるという希望は、新しいものではまったくない。ただ、核兵器の廃絶というアイデアを打ち出したのはオバマが最初ではないとしても、唯一の超大国の大統領として、彼は核兵器の廃絶という考えに、きわめて重要な恩恵、すなわち世界的な注目と賛同を呼び込んだ。オバマはこれを提示するにあたり、「核兵器の製造に必要な要素を絶つ」ためとして、不拡散レジームに目を向けた。「我々は協力の基礎として、核不拡散条約を強化していく」と述べたのである。そしてその目的のために、包括的核実験禁止条約の批准を追求すること、核分裂性物質の製造を検証可能なかたちで停止させる新条約を模索すること、そして拡散のリスクを増大させることなく各国が平和目的の原子力利用にアクセスできるように、新しい国際的な燃料バンクを含め、新たな民生原子力協力の枠組みを見出すことを約束した。

これに沿って、IAEA理事会は二〇一〇年一二月、核燃料バンク計画を承認した。その利用にあたっては、各国は自身の平和目的の原子力活動のすべてについて、包括的保障措置を受けることに同意しなければならないとされた。米国や欧州連合、クウェート、アラブ首長国連邦、ノルウェーが、燃料バンク向けの六〇～八〇トンの低濃縮ウランの購入と移送のために一億ドルを拠出することを約束した。そして最後に、オバマ大統領のメッセージは、すべての国家がルールを守りはしないことを認めていた。「我々は幻想を抱くことなしに前進する。ルールを破る者もいるが、だからこそ我々は、ルールを破ったものがその報いに直面するような、そうした枠組みを打ち立てる必要がある」。オバマはさらに「国際的査察を強化する」必要性と、「現実味があり迅速な懲罰」を強調した。核兵器を作ることは常に、それを抑え込む手段を見出すよりも容易であった。

4　トランプ政権の「取引」

トランプとイラン

二〇一八年五月八日、ドナルド・トランプ大統領は、選挙期間中の公約であった、イランに関する包括的共同作業計画からの脱退を発表した。この合意は、向こう一〇～一五年にわたり、核兵器を開発するうえでのイランの能力に、強力かつ検証可能な制約を課したものであった。二〇一五年七月一四日にウィーンでP5+1（国連常任理事国である米英仏中露と独）および欧州連合が合意した包括的共同作業計画は、外交面でのオバマ政権の主要業績であり、それを破棄したトランプは、合意以前に米国がイランに課していた厳しい制裁措置を戻し、イランの核［開発］および地域での野心を抑えるためとして「最大限の圧力」をかけた。元のイラン核合意は、イランの経済を深刻に棄損していた制裁を終わらせることと引き換えに、同国の核の野心を厳格に制限したものであった。

ほかの合意署名国は、合意に残り続けるとした。しかしトランプは同盟国に対し、もし欧州諸国がイランと取引を続けるならば、米国の制裁対象になるとして、米国とイランのいずれかの側に立つように迫った。米国の強力な二次制裁への懸念ゆえに、ほとんどの欧州諸国は抵抗しようがなかった。追い詰められて万策尽きたイランは、世界の石油輸送の二〇パーセントが通る戦略的なホルムズ海峡の両側にまたがって、ペルシャ湾とオマーン湾の両方でタンカーを攻撃し、さらに係争地

図8　弾道ミサイル発射試験を視察する北朝鮮の金正恩委員長

域の上空で米国の偵察用ドローンを撃墜した。また、核合意から去るという威嚇《いかく》を実行するかたちで、核燃料の生産を拡大した。そうして、長年敵対してきた米国とイランが、潜在的な危機あるいは戦争に突き進んでいく舞台がセットされた。そうしたなか、イランの歴史的な敵対国であるイスラエルとサウジアラビアは、事態を注視している。

トランプと金正恩

激しい非難の応酬と、北朝鮮の国連制裁違反を経たのち、米国のトランプ大統領と北朝鮮の金正恩委員長は、核危機の解決のために、二〇一八年六月一二日にシンガポールで会談した。一九五〇～一九五三年の朝鮮戦争休戦以来、初めての米朝首脳会談であった。華々しい首脳外交を存分に誇示したあとで、トランプ大統領と金委員長は朝鮮半島の「完全な非核化」で合意した。しかし、それが何を意味するのかも、どう達成されるのかも決められなかった。詳細に関する議論は、別の機会に譲られることになった。トランプは制裁と圧力を維持した一方、金は核実験と長距離ミサイル実験の停止を継続した。

二〇一九年二月、トランプと金はベトナムのハノイで二度目の会談に臨んだが、この会談は、制裁の引き揚げをめぐる溝が埋まらず、決裂した。とりわけトランプは、金が求めた主要核施設の解体と引き換えに大幅な制裁緩和を行うという取引を拒否した。数ヵ月後の二〇一九年六月、三度目の面会で、トランプは南北間の非武装地域（DMZ）内の合同管理区域で金と握手を交わし、北朝鮮に足を踏み入れた初の米大統領となった。両者は短い議論のなかで、作業レベルの協議を開始すべきとの見解で一致した。三回のサミットを経て、双方ともに誇れるような成果はあまりなかった。しいて言えば、米国が北朝鮮の核・長距離弾道ミサイル実験のモラトリアムに固執していたために、北朝鮮はほとんど批判を受けることなく短距離ミサイル実験を継続し得た。その後、非核化交渉の頓挫によって、朝鮮半島には緊張が戻った。

トランプとプーチン

二〇一九年二月、トランプ政権は、かつて画期的な核軍縮条約として成立した一九八七年の中距離核戦力（INF）全廃条約からの脱退手続きを開始すると発表した。その理由として、ロシアが過去何年にもわたり、INF全廃条約に違反してきたことが指摘された。中距離ミサイルに関しては、わずか一〇分程度の短い飛翔時間ゆえに、少なくとも米国の欧州NATO同盟国にとっての恒常的な脅威であり、最も厳しい評価では常に核戦争を引き起こしかねないものと見られるようになっていた。オバマ政権期の情報によれば、米国はロシアの条約違反を同国大統領ウラジーミル・プーチンの責任とし（本人は否定した）、同時に新たな極超音速兵器の脅威増大を主張した。

トランプと国務長官マイク・ポンペオは、米国の新型中距離ミサイル開発に関してゴーサインを出しつつ、ＩＮＦ条約を時代遅れと呼んだが、欧州の指導者たちは、解決策は条約の破棄ではなく再交渉だとした。ロシアの強硬派はこれを米欧間にくさびを打ち込む好機と見て、米国の核ミサイル増強のリスクを強調してきた。トランプとプーチンは個人的には気が合ったように見えたが、米露の核対立は、不吉な「未来への回帰」の様相を帯びている。

ロシア、北朝鮮、イランとの核をめぐる対立は、我々に、世界が今も冷戦期のただ中にあるかのような感覚を与える。冷戦は単に、一九八九年のベルリンの壁の崩壊からつい最近まで、休息に入っていただけであった。それを新冷戦と呼ぶか、冷戦2と呼ぶかはともかく、再び核保有国間の深刻な対立関係が浮上している。そして、ロシアとＮＡＴＯのあいだでは、少なくとも今までのところ、アルマゲドンに至ってはいないものの、意図的あるいは意図せざる、軍事的な紛争の脅威が、常にそこに存在しているのである。

訳者解説

原著は、オーストラリアのロイヤル・メルボルン工科大学のジョセフ・M・シラキューサ教授による、*Nuclear Weapons* である。オーストラリアで教鞭を執る米国生まれの国際政治学者であるシラキューサ教授は、核兵器の問題を含む冷戦史や米外交史に関する研究で広く知られており、代表的な著作として、*America and the Cold War, 1941-1991: A Realist Interpretation*, 2 volumes (Praeger, 2010) や *A Global History of the Nuclear Arms Race*, 2 volumes (Praeger, 2013) などを挙げることができる。

オックスフォード大学出版局の入門書シリーズ、A Very Short Introduction の一冊として書かれた本書も、そうしたシラキューサ教授のバックグラウンドを反映した内容となっている。本書は全七章構成である。第1章は、原子物理学の観点からの核兵器に関する基礎的な知識と、仮想的なシナリオを基にした核爆発の効果に関する説明を提示する。

第2章では、第二次世界大戦末期、史上にも類を見ない大規模な産業・科学プロジェクトとして進められた米英加共同の核兵器開発事業、マンハッタン計画について、その詳細な経緯と背景に着目する。

続く第3章の主題は、第二次世界大戦終結直後、冷戦の東西分断がまだ萌芽期にあった段階において、主として国連原子力委員会を舞台に米ソ間の激しい駆け引きが行われた、原子力の国際管理構想の登場と挫折をめぐるプロセスである。

第4章では、ソ連の核兵器の開発と、それによっていわゆる核独占の状況が崩れていく過程に米国がどう向き合ったのか、さらにそこから、原子爆弾以上に戦争と平和をめぐる国際政治に革命的な変化をもたらした、水素爆弾の登場へと至る経緯が記述される。

第5章は、今日の核をめぐる議論のなかで広く用いられている、核抑止とそれに関連するさまざまな概念や認識の発展についての批判的な検討と、その核抑止の安定の維持を主眼として進められてきた、冷戦期の米ソ間における各種の軍備管理・軍縮合意の形成にかかわる考察を主題とする。

そして第6章では、米レーガン政権のスター・ウォーズ構想に代表される、しかし実際には第二次世界大戦末期に端を発し、今日に至るまでさまざまな論争が絶えることのない、核兵器を搭載したミサイルからの防御を志向する米国のミサイル防衛政策について、歴史的な考察が為される。

最後に、冷戦末期からの米露間の軍備管理・軍縮がどのように進んだのか、そのなかで残された問題は何だったのかに触れながら、一時は協調的であったはずの核をめぐる国際政治のムードが次第に暗転し、二〇一九年の中距離核戦力（ＩＮＦ）全廃条約失効へと至る経緯を、終章が論じている。

日本国内の政治的・政策的な言論空間において、核兵器の問題は、きわめて論争的なイシューであり続けてきた。それは第一義的には、世界で唯一の被爆国であることを重要なアイデンティティとし、核軍縮の推進を掲げる一方、安全保障政策上の現実的な選択として、戦後一貫して米国の拡大抑止に依存してきた、日本のアンビバレントな政策に由来する。そうした背景のもとで、核兵器に関するさまざまな言説が飛び交う論争が、日本国内では折に触れて巻き起こってきた。最近では、北朝鮮の核開発をめぐる北東アジアの軍事的緊張の高まりと、核兵器禁止条約への参加の是非が議論の種となった二〇一七年や、ウクライナ戦争におけるロシアの核兵器使用の可能性への関心が沸騰した二〇二二年二月以来の状況は、その典型例と言えよう。

しかし、核問題のそうした位置づけにもかかわらず、核兵器とそれをめぐる国際政治全般に関して、日本語でアクセスできる入門書は少ない。個別のイシューについてより踏み込んだ学術文献・論文では、邦語でも優れたものが数多くあるが、この分野の初学者が、核兵器をめぐる問題に関して、一通りの歴史的な背景と論点を体系的に把握することができるような学術的な入門書は、きわめて限られるのが現状である。このような現状に鑑みると、本書の訳書は、そうした知的ギャップを埋めることへの貢献が期待できるところである。

他方で本書には、核問題に関する網羅的な概説書としては、議論の不足が否めない面もある。そうした不足には、たとえば、二〇〇〇年代以降のミサイル防衛の技術的有効性の大幅な向上のように、本書原著初版の刊行時期ゆえにやむを得ない部分もある。しかし、核抑止、とくに同盟国に対する米国のいわゆる拡大抑止に関する戦略的な側面についての議論がかなりの程度捨象されている点は、看過すべきではないと言える。なぜ冷戦期の米国において、あれほどまでに膨大な核戦力への投資が、たとえ実際のところは関係機関の組織的利益に駆り立てられていた面も大きいとしても、正当化され得たのか。冷戦後期、米ソ双方の核戦力が大きく伸長し、客観的には相互確証破壊（MAD）の状況が固定化されていくなかでも、なぜ米国・NATOは純粋に、ソ連の核攻撃を抑止できる報復戦力を備えるだけの核態勢に落ち着くことができず、核兵器を使用するさまざまな方法、言い換えれば核戦争の遂行を可能にするような能力やドクトリンを模索しつづけたのか。本書では、この種のアイデアは、専門家や軍指導部の間で短期間議論されたあと、「打ち捨てられるだけに終わった」（二〇二頁）とされているが、いわゆる柔軟反応戦略以降、それが米国の核政策に少なからず反映されたのは事実である。それら施策の当否をどう考えるにせよ、その背景にあった懸念や、その種の能力・ドクトリンが理論的にいかなる意義を持つと考えられていたのかには、目を向ける必要があろう。

この点が重要であることは、現在の日本が置かれた戦略的状況に、そうした議論の当事者であった冷戦期の西欧諸国のそれと共通するところが少なからず存在する点に鑑みると、なおのこと際立つ。たとえば、二〇一七年、北朝鮮の対米核攻撃能力の獲得が取り沙汰されるなかで、日本国内の安全保障議論のなかでもしきりに論じられた、拡大抑止の信頼性をめぐるいわゆるデカップリング（米国が、敵対国からの自身への核攻撃を恐れ、その敵対国による米国の同盟国への侵略行為があっても軍事介入を躊躇する可能性）の問題は、冷戦期のＮＡＴＯにおける戦略的な議論の中核を成していたものである。さらに言えば、同種の構図を、中国を念頭に置いた米国の日本への拡大抑止に関しても指摘することができる。よって、本書を一つの出発点としつつ、ほかの文献も当たることで、この側面にかかわる議論を補っていくことを推奨したい。本書の参考文献の項でも挙げられている、Lawrence Freedman, *The Evolution of Nuclear Strategy: New, Updated and Completely Revised* (4th edition, Palgrave Macmillan, 2019) のほかに、古典的なところでは Thomas C. Schelling, *Arms and Influence* (new edition, Yale University Press, 2008)〔邦訳：トーマス・シェリング著／斎藤剛訳『軍備と影響力――核兵器と駆け引きの論理』（勁草書房、二〇一八年）〕や、Robert Jervis, *The Illogic of American Nuclear Strategy* (Cornell University Press, 1984) などがある。また、今日の戦略環境までも念頭にこの論点を扱った文献としては、Jeffrey A. *Larsen and Kerry M. Kartchner* (ed.), *On Limited Nuclear War in the 21st Century* (Stanford University Press, 2014) や Brad Roberts, *The Case for U.S. Nuclear Weapons in the 21st Century* (Stanford University Press, 2016)〔邦訳：ブラッド・ロバーツ著／村野将監訳・解説『正しい核戦略とは何か――冷戦後アメリカの模索』（勁草書房、二〇二二年）〕、Keir A. Lieber and Daryl G. Press, *The Myth of the Nuclear Revolution: Power Politics in the Atomic Age* (Cornell University Press, 2020) が挙げられよう。

冷戦の終結に伴って、核兵器とそれに関する議論が、一度は歴史の後景に退いていくかのように思われた時期があった。二〇〇九年には、米オバマ政権の登場により、グローバルな核軍縮に向けた機運が大きく盛り上がりを見せもした。しかし結局のところ、本書でシラキューサ教授が、クリントン政権のアスピン国防長官の言葉を引いて指摘するように、「ポスト冷戦の世界は、全くもってポスト核兵器の世界ではない」ことは、次第に明らかになっていった。とくに二〇一〇年代後半以来の国際政治の展開は、明らかに、核兵器が再び国際政治の中核に戻ってきたことを示している。そうした国際政治の現実に、日本がどう向き合っていくのかを考えるための入門書として、本書が役立つことを願う。

二〇二三年一一月

栗田真広

(University of North Carolina Press, 2007) が挙げられる。政策決定の内部にいた者の著作として特筆すべきは、James Baker, III, *The Politics of Diplomacy: Revolution, War and Peace, 1989-1992* (Putnam's, 1995)、Robert M. Gates, *From the Shadows: The Ultimate Insider's Story of Five Presidents and How They Won the Cold War* (Simon & Schuster, 1996) に加え、James B. Goodby, *At the Borderline of Armageddon: How American Presidents Managed the Atom Bomb* (Rowman & Littlefield, 2006) である。核廃絶に関する議論を追ううえでは、Bruce G. Blair, *Global Zero Alert for Nuclear Forces* (The Brookings Institution, 1995) および George Perkovich, *Abolishing Nuclear Weapons: A Debate* (Carnegie Endowment for International Peace, 2009) があろう。全体を概観するには、William Walker, *A Perpetual Menace: Nuclear Weapons and International Order* (Routledge, 2012) や Nicholas L. Miller, *Stopping the Bomb: The Sources and Effectiveness of US Nonproliferation Policy* (Cornell University Press, 2018)、Matthew Ambrose, *The Control Agenda; A History of the Strategic Arms limitation Talks* (Cornell University Press, 2018) が挙げられる。

Divine, *Blowing on the Wind: The Nuclear Test Ban Debate, 1954–1960* (Oxford University Press, 1978)、Glenn Seaborg, *Kennedy, Khrushchev and the Test Ban* (University of California Press, 1981)、Blades and Siracusa, *A History of U.S. Nuclear Testing and Its Influence on Nuclear Thought, 1945–1963* に詳しい。

レーガン時代と軍備管理については、James Mann, *The Rebellion of Ronald Reagan: A History of the End of the Cold War* (Viking, 2009) を参照のこと。

第6章　スター・ウォーズと後継者たち

概要を掴むうえでは、Richard Dean Burns and Lester H. Brune, *The Quest for Missile Defenses, 1944–2003* (Regina Books, 2004) や、Steven J. Zaloga, *The Kremlin's Nuclear Sword: The Rise and Fall of Russia's Strategic Nuclear Forces, 1945–2000* (Smithsonian Institution Press, 2002) が挙げられる。

［ABM配備に関する］一九六八年の論争については、Edward R. Jayne, *The ABM Debate: Strategic Defense and National Security* (Center for Strategic Studies, 1969) と、Abram Chayes and Jerome Wiesner (eds), *ABM: An Evaluation of the Decision to Deploy an Antiballistic Missile System* (Harper and Row, 1969) が扱っている。

レーガンの［戦略防衛］イニシアティブに関しては、William L. Broad, *Teller's War: The Top Secret Story Behind the Star Wars Deception* (Simon and Schuster, 1992) と Frances Fitzgerald, *Way Out There in the Blue: Reagan, Star Wars and the End of the Cold War* (Simon and Schuster, 2000) を参照されたい。

第7章　ポスト冷戦期

ポスト冷戦期の核不拡散の歴史に関しては、Burns and Siracusa, *A Global History of the Nuclear Arms Race: Weapons, Strategy, and Politics* (2 vols, Praeger, 2013) や Joseph M. Siracusa and Aiden Warren, *Weapons of Mass Destruction: The Search for Global Security* (Rowman & Littlefield, 2017) がある。ソ連／ロシア側の見方については、Steven J. Zalogo, *The Kremlin's Nuclear Shield: The Rise and Fall of Russia's Strategic Nuclear Forces, 1945-2000* (Smithsonian Institution Press, 2002) や Raymond L. Garthoff, *The Great Transition: American-Soviet Relations and the End of the Cold War* (The Brookings Institution, 1994)、Vladislav M. Subok, *A Failed Empire: The Soviet Union in the Cold War from Stalin to Gorbachev*

家安全保障会議報告第68号については、Ken Young, 'Revisiting NSC 68', *Journal of Cold War Studies*, 15:1 (Winter 2013), 3–33 が再検討を行っている。

この時代の歴史的なコンテクストについては、Norman A. Graebner, Richard Dean Burns, and Joseph M. Siracusa, *America and the Cold War, 1941–1991* (2 vols, Praeger, 2010) と、David James Gill, *Britain and the Bomb: Nuclear Diplomacy, 1964–1970* (Stanford University Press, 2014) を参照のこと。

ソ連側を扱った優れた研究として、David Holloway, *Stalin and the Bomb: The Soviet Union and Atomic Energy, 1939–1956* (Yale University Press, 1994) や、Vojtech Mastny, *The Cold War and Soviet Insecurity: The Stalin Years* (Oxford University Press, 1996)［邦訳：ヴォイチェフ・マストニー著／秋野豊、広瀬佳一訳『冷戦とは何だったのか——戦後政治史とスターリン』(柏書房、2000年)］がある。

世界的な反核運動の高まりと、その影響力や中心人物、運動の形成につながった出来事などについては、Lawrence S. Wittner, *The Struggle Against the Bomb* (3 vols, Stanford University Press, 1993–2003) を参照されたい。

第５章　核抑止と軍備管理

欠かせないのは、Raymond L. Garthoff の三つの著書、*Deterrence and the Revolution in Soviet Military Doctrine* (Brookings Institution, 1990)、*Soviet Strategy in the Nuclear Age* (revised edition, Praeger, 1962)、*Détente and Confrontation: American Soviet Relations from Nixon to Reagan* (Brookings Institution, 1985) であろう。同じく不可欠のものとして、Lawrence Freedman による *The Evolution of Nuclear Strategy* (3rd edition, Palgrave Macmillan, 2003) と *Deterrence* (Polity, 2004) もある。

この時代の条約面での重要な出来事については、Richard Dean Burns (ed.), *Encyclopedia of Arms Control and Disarmament* (3 vols, Charles Scribner's Sons, 1993) が扱っている。

戦略兵器の潜在的な脅威を制限するための軍備管理の努力に関しては、Bundy, *Danger and Survival* や、J. P. G. Freeman, *Britain's Nuclear Arms Control Policy in the Context of Anglo-American Relations, 1957–68* (St Martin's Press, 1986)、Richard Dean Burns, *The Evolution of Arms Control: From Antiquity to the Nuclear Age* (Praeger, 2009) がある。

核実験をめぐる議論と、部分的核実験禁止条約交渉については、Robert

Bundy, *Danger and Survival: Choices about the Bomb in the First Fifty Years* (Random House, 1988) に加え、Mark Walker, *German National Socialism and the Quest for Nuclear Power, 1939–1949* (Cambridge University Press, 1989) も有益であろう。

「核外交」の議論を検討したものとしては、Gar Alperovitz, *The Decision to Use the Atomic Bomb and the Architecture of an American Debate* (Harper Collins, 1995)、Robert James Maddox, *Weapons for Victory: The Hiroshima Decision Fifty Years Later* (University of Missouri Press, 1995)、Wilson D. Miscamble, *The Most Controversial Decision: Truman, the Atomic Bomb, and the Defeat of Japan* (Cambridge University Press, 2011) がある。

戦時下の文民に対する爆撃の影響については、Jorg Friedich, *Fire: The Bombing of Germany, 1940–45* (Columbia University Press, 2007) と、比類なき名著であるJohn Hersey, *Hiroshima* (Penguin, 1946) [邦訳：ジョン・ハーシー著／石川欣一、谷本清、明田川融訳『ヒロシマ』(法政大学出版局、2014年)] を参照されたい。

第3章　生か死かの選択

バルーク案については、Leneice N. Wu's essay in Richard Dean Burns (ed.), *Encyclopedia of Arms Control and Disarmament* (3 vols, Charles Scribner's Sons, 1993) と Richard G. Hewlett and Oscar E. Anderson, Jr, *A History of the United States Atomic Energy Commission*, vol. 1, *The New World, 1939/1946* (University of Pennsylvania, 1962) が、多数の一次資料も含めたかたちで詳細に扱っている。

バルーク案の歴史的な分析として最も優れているのは、Barton J. Bernstein, 'The Quest for Security: American Foreign Policy and International Control of Atomic Energy', *Journal of American History*, 60 (March 1974), 1003–44と、Larry Gerber, 'The Baruch Plan and the Origins of the Cold War', *Diplomatic History*, 6 (Winter 1982), 69–95であろう。

第4章　水爆への競争

水爆開発の決定と、それが冷戦に与える含意については、David G. Coleman and Joseph M. Siracusa, *Real-World Nuclear Deterrence: The Making of International Strategy* (Praeger Security International, 2006) がある。有名な国

参考文献および推奨文献

この分野には膨大な文献があるが、以下に列挙したのは、私が考える、この分野の初学者がさらなる学習を進めるうえで読み進めるべき最も適切な文献である。紙幅の都合上、多くの優れた、本来重要な文献を省かなければならなかったことを断っておきたい。

第1章　核兵器とは何か？

出発点として最善の選択は、1945年に、核戦争の可能性を懸念する原子物理学者らのニューズレターとして創刊された、*Bulletin of Atomic Scientists* であろう。同誌を象徴する「終末時計」は、過去75年間、核をめぐる国際的緊張の増大と緩和を追いかけてきた。核実験の広範囲にわたる影響に関する議論については、David M. Blades and Joseph M. Siracusa, *A History of U.S. Nuclear Testing and Its Influence on Nuclear Thought, 1945–1963* (Rowman & Littlefield, 2014) を推奨したい。核テロリズムが提起する脅威の基本的事項については、Graham Allison, *Nuclear Terrorism: The Ultimate Preventable Catastrophe* (Times Books, 2004) がある。ほかに参考になるものとして、Scott D. Sagan and Kenneth N. Waltz, *The Spread of Nuclear Weapons: A Debate Renewed* (W. W. Norton, 2003)［邦訳：スコット・セーガン、ケネス・ウォルツ著／川上高司監訳、斎藤剛訳『核兵器の拡散——終わりなき論争』（勁草書房、2017年）］と Joseph Cirincione, Jon Wolfstahl, and Miriam Rajkumar, *Deadly Arsenals: Nuclear, Biological and Chemical Threats* (Carnegie Endowment for International Peace, 2005) を挙げておきたい。

第2章　核兵器を作る

第二次世界大戦の各交戦国が進めていた核開発の詳細は、Richard Dean Burns and Joseph M. Siracusa, *A Global History of the Nuclear Arms Race: Weapons, Strategy, and Politics* (2 vols, Praeger, 2013) を参照されたい。Richard Rhodes, *The Making of the Atomic Bomb* (Simon and Schuster, 1986) や、McGeorge

ま行

や行

ら行

な行

は行

さ行

た行

索　引

あ行

か行

●著者

ジョセフ・M・シラキューサ (Joseph M Siracusa)

ロイヤル・メルボルン工科大学教授。核兵器の問題を含む冷戦史や米外交史に関する研究で著名。著書：*America and the Cold War, 1941-1991: A Realist Interpretation*, 2 volumes (Praeger, 2010), *A Global History of the Nuclear Arms Race*, 2 volumes (Praeger, 2013) ほか。

●訳者

栗田真広（くりた・まさひろ）

防衛省防衛研究所政策シミュレーション室主任研究官。一橋大学社会学部社会学科卒業、同大学院法学研究科法学・国際関係専攻博士課程修了（法学博士）。国立国会図書館調査及び立法考査局外交防衛課調査員、防衛省防衛研究所地域研究部アジア・アフリカ研究室主任研究官等を経て、2022年より現職。著書・論文：『核のリスクと地域紛争――インド・パキスタン紛争の危機と安定』（勁草書房、2018年）、「インドの核ドクトリンにおける先制核攻撃オプションの可能性」『国際安全保障』45巻4号、「中国・インド関係における核抑止」『防衛研究所紀要』20巻1号ほか。

●シリーズ監修

石津朋之（いしづ・ともゆき）

防衛省防衛研究所戦史研究センター主任研究官。著書・訳書：『戦争学原論』（筑摩書房）、『大戦略の哲人たち』（日本経済新聞出版社）、『リデルハートとリベラルな戦争観』（中央公論新社）、『クラウゼヴィッツと「戦争論」』（共編著、彩流社）、『戦略論』（監訳、勁草書房）など多数。

シリーズ戦争学入門
核《かく》 兵《へい》 器《き》

2024年2月20日 第1版第1刷発行

著 者…………………………………………
ジョセフ・M・シラキューサ
訳 者…………………………………………
栗 田 真 広
発行者…………………………………………
矢 部 敬 一
発行所…………………………………………
株式会社 創 元 社
〈ホームページ〉https://www.sogensha.co.jp/
〈本社〉〒541-0047 大阪市中央区淡路町4-3-6
Tel.06-6231-9010㈹
〈東京支店〉〒101-0051 東京都千代田区神田神保町1-2 田辺ビル
Tel.03-6811-0662㈹
印刷所…………………………………………
株式会社 太洋社

ISBN978-4-422-30082-5 C0331